自己成長を目指す
教職実践演習
テキスト

原田恵理子・森山賢一 編著

Practical Seminar for
the Teaching

Harada Eriko・Moriyama Ken-ichi

北樹出版

はじめに

　グローバルな情報社会の今、変化が激しく先行き不透明な社会とその社会に生きる子どもたちへの教育を担う「教師」の職務は、未来の日本を背負う人材育成につながる重要な使命をもっています。

　これについては、平成24年8月の文部科学省中教審答申「教職生活の全体を通じた教員の資質能力の総合的な向上方策について」でも「これからの学校は、基礎的・基本的な知識・技能の習得に加え、思考力・判断力・表現力等の育成や学習意欲の向上、多様な人間関係を結んでいく力の育成等を重視する必要がある。これらは、さまざまな言語活動や協働的な学習活動等を通じて効果的に育まれることに留意する必要がある」と示されています。加えて、いじめ・暴力行為・不登校等への対応、特別支援教育の充実、ICTの活用など、諸課題への対応の必要性も明示されています。つまり、これからの教師は、教科や教職に関する高度な専門的知識や、あらたな学びを展開できる実践的指導力だけでなく、さまざまな課題や問題に対して同僚との協働と地域との連携をしながら、これからも進展すると推測される社会の変化に対応することが求められていると言えます。そのためには、教員自身が探究力をもち、教員生活を続けていく上で、生涯を通して、学び続ける存在でなければならないといえるでしょう。教職課程の学生に対しては、教員として最小限必要な資質能力を教職課程の履修を通じて、確実に身につけたかどうかを確認する科目として「教職実践演習」が新設・必修化されました。

　これらのことを背景に、学生向けテキストを作成・企画していたところ、趣旨に賛同していただいた教育学、心理学領域の第一線でご活躍されている研究者の方々と日々教育現場で実践されている先生方が揃い、理論と実践を往還する厚みのある書として出版の運びとなりました。

　本書は、これまでに学んだ教職課程の学びの集大成をサポートするために理論と教育現場の最新事情や指導の工夫、発展学習（演習課題）を取り入れた一冊となっております。「幼児児童生徒理解や学級経営などに関する事項」「教科・保育内容などの指導力に関する事項」「社会性や対人関係能力に関する事項」「使命感や責任感、教育的愛情等に関する事項」という4つの柱を重視し、履修カルテと並行して活用しつつ、これまでの学びをどのように生かしていくのかといったことを「自己成長」の視点からとらえ、学びの集大成を補完することを目指したテキストです。履習カルテは、各章のポイントに即して再確認・再認識するなど、本著を活用してもらいたいと思います。

　第1章では「教職実践演習」の概要と意義について文部科学省で示された内容を説明しています。第15章とあわせて読むと、「教職実践演習」の目的やねらいがおさえられ、より一層学びを深めることができます。第2～14章のいずれも理論やその領域におけるポイントなどを説明するだけではなく、ワークシートやコラム・発展（「もっと深めよう！」）を設け、

体験的理解ができるように演習や課題も取り入れております。とくに、4月から教壇に立つ予定の学生には自主学習に取り組んでほしいと考えています。また、現場の先生方のコラムは目からうろこのことばかりなので、ぜひ読んで参考にしてほしいです。第15章ではまとめとして、教師像と自己のキャリア形成がテーマとなっています。教職課程の学生の多くは教師という職業を目指しているでしょうが、なかには、一般企業など就職の経験を得てから教師を目指す人、あるいは家庭や育児の経験をしてから教師を目指す人、教職課程を学んだからこそ他の分野・領域に歩みを進めていく人など、その進路はさまざまだと思います。だからこそ、教職課程で学んだことを、それぞれの進路や生き方に反映させ、未来を担う子どもたちを支える大人や地域住民として、あるいは親になった時に活かしてほしいのです。「教師」という職業を選択しなかった人にはとくに、これまでに学んだことを活かして学校教育や教師を支える応援団になってほしいと思います。

　このような内容のテキストであるため、どの章からでも読み進めることが可能です。さらには、「教師論」「教育原理」「教職概論」など、教職課程科目のテキストや参考書、また教員採用試験対策の参考図書としても活用ができると考えております。是非、教職課程の学生がこれまでの学びを補完しつつ自己の成長に結びつけていくことができる一冊になることを願います。そして、「学校、先生が好き」「勉強がおもしろい」「将来先生のような教師になりたい」などの気持ちをもつ子どもが一人でも多く増え、さらには、みなさんの「学び続ける教師」である基盤づくりや「教育現場」「子どもの成長」を支える大人としての形成に少しでも貢献できることを祈っております。

　末筆になりましたが、本書の作成にあたり、全国私立大学教職課程研究連絡協議会、関東地区私立大学教職課程研究連絡協議会及び第3研究部部会、千葉・茨城教職課程研究連絡協議会の会員校大学のみな様には、会を通してたくさんの知見と示唆をいただきました。執筆者の先生方には執筆にあたり、大事な点をコンパクトにまとめ、現代的ニーズをふまえた興味深い内容となるよう工夫していただきました。この場を借りて感謝申し上げます。そして、編者らの願いや方向性を短期間の中で、温かい支援や的確なご助言をしてくださってこのような形でまとめることができましたのは、ひとえに心強い力添えをしてくださった北樹出版の福田千晶氏のお陰です。心から感謝申し上げます。
　　　2014年2月
　　　　　　　　　　　　　　　　　　　　　　　　　　　　　　原田恵理子・森山賢一

目　次

第1章　教職実践演習とは ……………………………………………… 10

第1節　教職課程と教員免許状　10

第2節　教職実践演習の趣旨と概要　11

　　1. 科目「教職実践演習」の趣旨（11）2. 科目「教職実践演習」に含める事項と到達目標（12）3.「履修カルテ」の活用（13）

第2章　教科等の指導：教育実習のふり返り …………………………… 14

第1節　教育実習の意義　14

第2節　教育実習はふり返りが重要　14

第3節　教育実習校の要望　15

　　1. 教職への意欲（15）2. 知識と能力（16）3. 社会人としての常識（16）4. 児童生徒とのコミュニケーション（16）

＊コラム：教育実習のふり返り　19

第3章　教科等の指導：学習指導要領内容 ……………………………… 20

第1節　学習指導要領とは　20

第2節　学習指導要領の変遷　21

　　改訂における、主なねらいと特徴（21）

第3節　新学習指導要領における「生きる力」と「確かな学力」　22

　　1. 2008-2009（平成20-21）年改訂の背景（22）2.「生きる力」と「確かな学力」（22）

＊コラム：学校教育のバイブル「学習指導要領」　25

第4章　教科等の指導：学習指導案作成の重要性とその意義 ………… 26

第1節　学習指導案を作成する意義　26

　　1. 指導意図や指導構想の明確化による計画的・効果的な指導（26）
　　2. 学校の各教科等指導計画の評価・改善の資料（26）

第2節　学習指導案の内容　26

第3節　学習指導案作成の主な手順と留意点　27

　　1. 手順1：学校の教科等の年間指導計画の確認（27）2. 手順2：学習指導要領等の内容の確認（27）3. 手順3：児童生徒の実態把握と課題の分析（28）4. 手順4：単元目標と単元評価規準の設定（28）5. 手順5：単元の指導計画と評価計画の作成（28）6. 手順

　　　　6：本時の学習指導案の記述と授業の進め方（28）

　　第4節　学習指導の基本技術等について　29

　　　　1．学習指導形態の活用（29）2．発問・指示・説明（30）3．板書（30）

第5章　教科等の指導：学習指導案の作成と授業の展開・工夫　………… 31

　　　学習指導案作成と指導の実際（算数科第6学年「対称な図形」8時間扱い）（31）

　　　算数科学習指導案例（31）

　＊コラム：生徒中心型授業のすすめ——ペア学習とグループ学習の活用を通して　36

第6章　教科等の指導：模擬授業 …………………………………………… 37

　　第1節　授　業　力　37

　　　　「授業力」とは何か（37）

　　第2節　模擬授業の意義　37

　　第3節　授業力向上を確認する模擬授業のあり方　38

　　第4節　模擬授業の進め方　38

　　第5節　模擬授業のふり返り　40

　＊コラム：教育実習のふり返り　42

第7章　教科等の指導：道徳教育と特別活動 ……………………………… 43

　　第1節　道徳教育について　43

　　　　1．児童生徒の現状と道徳教育の課題（43）2．学校における道徳教育（43）3．道徳教育改革の具体的視点（43）4．道徳教育の指導計画（44）

　　第2節　道徳の時間の指導　46

　　　　1．指導内容（46）2．指導案の基本形（46）3．道徳の指導方法と資料の活用（46）

　　第3節　特別活動の指導について　46

　　　　1．特別活動の目標と指導上の留意点（46）2．学級活動（47）3．児童（生徒）会活動（48）4．クラブ活動（小学校）（48）5．学校行事（48）

　＊コラム：当たり前のことを当たり前に　52

第8章　生徒理解：子どもの発達の理解 …………………………………… 53

　　第1節　思春期・青年期の特性　53

第2節　発　達　課　題　53
　　第3節　認知的発達　54
　　第4節　人間関係の発達　55
　　　　1. 親子関係の発達（55）2. 仲間・友人関係の発達（56）
　＊コラム：保健室の効果的利用　59

第9章　生徒理解：生徒指導と教育相談　60
　　第1節　生徒指導とは　60
　　第2節　教育相談とは　61
　　第3節　生徒指導と教育相談の目指すもの　62
　　　　1. すべての児童生徒への指導・援助（一次的援助）（62）2. 一人ひとりの児童生徒への指導・援助（二次的援助、三次的援助）（63）
　＊コラム：教師とスクールカウンセラーの協働（コラボレーション）　67

第10章　生徒理解：特別支援教育　68
　　第1節　就学指導のあり方　68
　　第2節　個別の指導計画の活用　69
　　第3節　発達検査や知能検査、心理検査について　69
　　　　1. 情報の追加と変更、削除（69）
　　第4節　教師一人で抱え込まない──協働による子ども支援　70
　　　　1. 多面的理解（70）2. 共通理解による支援（70）
　　第5節　専門機関・地域・保護者との連携　71
　　　　1. 情報の保護と交換（71）2. 理解することは関わること（71）
　　第6節　子どもの障害でなく「困り感」からの指導・支援　71
　＊コラム：関わることから始まること　73

第11章　学級経営：学級経営のあり方について　74
　　第1節　あなたが学級担任となるために　74
　　第2節　学級経営をいかに進めるか　74
　　　　1. 学級経営とは（74）2. 学級開きと学級集団づくり（75）3. 学級といかに関わるか（75）
　　第3節　保護者といかに関わるか　76
　　第4節　もしも学級経営が困難になったら　76
　＊コラム：自慢の先生になろう　78

＊コラム：学級・学校経営上の危機管理について対応のポイント　80

第12章　社会性や対人関係力：教師のコミュニケーション力
　　　　　──組織の一員として・児童生徒に対して…………………………… 81

　第1節　コミュニケーション力の重要性　81

　第2節　組織の一員としてのコミュニケーション力　82

　第3節　児童生徒とのコミュニケーション　84

　　　1.　子どもの話を最後まで聴く（84）2.　あたたかい言葉をかける（84）3.　コミュニケーション力を豊かにする（85）

　＊コラム：教育力の高さ＝児童生徒とのコミュニケーション力の高さ　87

第13章　社会性や対人関係力：保護者・地域社会への対応について … 88

　第1節　保護者・地域社会との連携・協働の重要性と意義　88

　第2節　保護者や地域社会と関わるソーシャルスキル　88

　　　1.　挨拶のスキル（88）2.　自己紹介する（89）3.　電話を受ける・かける（89）4.　保護者への尊敬と敬意（90）5.　困難な事態への対応（90）6.　連絡帳や手紙を活用する（91）

　＊コラム：学校と保護者・地域住民の支えあいを目指して　94

第14章　教師としての使命感・責任感、倫理観、教育的愛情………… 95

　第1節　現職の教師が求める資質・能力　95

　第2節　教育委員会が求める教師像　95

　第3節　教師の資質・能力──不易と流行　96

　　　1.　いつの時代にも求められる教師の資質・能力（96）2.　今後求められる教師の資質・能力（97）

　第4節　諸外国で求めている教師の資質・能力　98

　＊コラム：教員にとっての必須アイテム5　100

第15章　まとめ：教師の力量とキャリア形成──自己成長の重要性 …… 101

　第1節　教師の発達と力量形成　101

　第2節　教師としてのキャリア形成　102

　第3節　探究力と反省的省察力　103

　第4節　心身の健康の維持とバーンアウト　104

索　　引　107

自己成長を目指す
教職実践演習テキスト

1 教職実践演習とは

第1節　教職課程と教員免許状

　今日の教員養成は制度として、**教育職員免許法**、教育職員免許法施行規則などによって規定されています。教育職員免許法第1条では「教育職員の免許に関する基準を定め、教育職員の資質の保持と向上を図ることを目的とする」とされ、この法律での「教育職員」とは、学校教育法第1条に定めるところの幼稚園、小学校、中学校、高等学校、中等教育学校、特別支援学校の主幹教諭、指導教諭、教諭、助教諭、養護教諭、養護助教諭、栄養教諭、講師をいいます。

　また教育職員免許法施行規則は、教育職員免許法の規定に基づいて、その規定の実施のために定められたものです。教育職員免許状の取得は、文部科学省から教職課程の認定を受けた大学で所定の単位を修得した者が各都道府県の教育委員会により授与されることとなっています。教育職員免許状の取得に向けて、まず前提となるのは基礎資格、つまり学士の学位を有すること（学部卒）、修士の学位を有すること（修士課程あるいは、博士課程前期修了）、準学士の学位を有すること（短期大学卒業など）が必要です。その上で、教育職員免許法に定められている科目に基づいた大学の指定する科目の単位を修得することになっています。

　そこで示されている教職課程カリキュラムは一般教養、教科専門教養、教職専門教養という3つの領域いわゆる、「**教師の三重の教養**」から構成されています。大学において実際には、4つの分野で科目が開設され履修するシステムになっています。一つは、「**教科に関する科目**」であり、各教科を指導する上で基礎となる専門的な知識や技術を養う科目です。この「教科に関する科目」は学校種ごとに定められているものです。二つは、「**教職に関する科目**」であり、教員としての専門性を養う科目、実際には6つの科目群から構成されています。ここでは、教育職員免許法施行規則の6つの科目群をあげてみましょう。

(1) **教職の意義等に関する科目**
　・教職の意義及び教員の役割
　・教員の職務内容（研修、服務及び身分保障等を含む。）
　・進路選択に資する各種の機会の提供等

(2) **教育の基礎理論に関する科目**
　・教育の理念並びに教育に関する歴史及び思想
　・幼児、児童及び生徒の心身の発達及び学習の過程（障害のある幼児、児童及び生徒の心身の発達及び学習の過程を含む。）
　・教育に関する社会的、制度的又は経営的事項

(3) **教育課程及び指導法に関する科目**
　・教育課程の意義及び編成の方法
　・各教科の指導法

・道徳の指導法
・特別活動の指導法
・教育の方法及び技術（情報機器及び教材の活用を含む。）
・教育課程の意義及び編成の方法
・保育内容の指導法
・教育の方法及び技術（情報機器及び教材の活用を含む。）
(4) 生徒指導、教育相談及び進路指導等に関する科目
・生徒指導の理論及び方法
・教育相談（カウンセリングに関する基礎的な知識を含む。）の理論及び方法
・進路指導の理論及び方法
・幼児理解の理論及び方法
・教育相談（カウンセリングに関する基礎的な知識を含む。）の理論及び方法
(5) 教 育 実 習
(6) 教職実践演習

　三つは、「教科又は教職に関する科目」であり、主に各大学が独自に開講する科目として各自の志向にしたがって教員としてのオリジナリティを養う科目があげられます。四つは、「教育職員免許法施行規則第66条5に定める科目」があげられます。これらの科目は教員としての基本的な資質を養う科目として履修することが定められています。この文部科学省令で定められている科目には「日本国憲法」、「体育」、「外国語コミュニケーション」、「情報機器の操作」の4科目です。

　このような4つの分野の科目の所定単位を修得し、さらに「小学校及び中学校の教諭の普通免許状授与に係る教育職員免許法の特例等に関する法律」により、小、中学校教諭普通免許状の取得にあたっては、社会福祉施設（保育所等一部施設を除く）等での5日間、特別支援学校2日間の合計7日間の「介護等体験」を行うことが必要です。

第2節　教職実践演習の趣旨と概要

1．科目「教職実践演習」の趣旨

　2006（平成18）年7月の中央教育審議会答申「今後の教員養成・免許制度の在り方について」では、大学の教職課程の科目として「教職実践演習」の新設が示されました。この中教審答申を受けて、教職課程の質的水準の向上を目指し2008（平成20）年11月に教育職員免許法施行規則が改正され、2010（平成22）年度の入学生のカリキュラムより、「教職実践演習」があらたな「教職に関する科目」として導入されました。

　この科目は、教職課程の総まとめの科目として位置づけられています。したがって、教職課程の科目の履修や教職課程外でのさまざまな活動を通じて皆さんが身につけた資質能力が教員として最小限必要な資質能力として有機的に統合され、形成されたかについて、大学がみずからの養成する教員像や到達目標等に照らし最終的に確認するものです。このため大学

4年次後期（8セメスター）の必修科目として開講されているのです。

2. 科目「教職実践演習」に含める事項と到達目標

　この科目の履修を通じて、教員として必要な資質能力の確実な確認が行われるように、教員として求められる以下の4つの事項をしっかりと把握し、学習を進めていくことが必要です。

① 使命感や責任感、教育的愛情等に関する事項
② 社会性や対人関係能力に関する事項
③ 幼児児童生徒理解や学級経営等に関する事項
④ 教科・保育内容等の指導力に関する事項

　さらに、上記の4つの事項をふまえて、以下のように、**到達目標**12項目、目標到達の**確認指標例**が16項目列挙されています。

① 使命感や責任感、教育的愛情等に関する事項

到達目標
・教育に対する使命感や情熱を持ち、常に子どもから学び、共に成長しようとする姿勢が身に付いている。
・高い倫理観と規範意識、困難に立ち向かう強い意志を持ち、自己の職責を果たすことができる。
・子どもの成長や安全、健康を第一に考え、適切に行動することができる。
・教員としての職責や義務の自覚に基づき、目的や状況に応じた適切な言動をとることができる。
・組織の一員としての自覚を持ち、他の教職員と協力して職務を遂行することができる。
・保護者や地域の関係者と良好な人間関係を築くことができる。
・子どもに対して公平かつ受容的な態度で接し、豊かな人間的交流を行うことができる。
・子どもの発達や心身の状況に応じて、抱える課題を理解し、適切な指導を行うことができる。
・子どもとの間に信頼関係を築き、学級集団を把握して、規律ある学級経営を行うことができる。
・教科書の内容を理解しているなど、学習指導の基本的事項（教科等の知識や技能など）を身に付けている。
・板書、話し方、表情など授業を行う上での基本的な表現力を身に付けている。
・子どもの反応や学習の定着状況に応じて、授業計画や学習形態等を工夫することができる。

目標到達の確認指標例
・誠実、公平かつ責任感を持って子どもに接し、子どもから学び、共に成長しようとする意識を持って、指導に当たることができるか。
・教員の使命や職務についての基本的な理解に基づき、自発的・積極的に自己の職責を果たそうとする姿勢を持っているか。
・自己の課題を認識し、その解決に向けて、自己研鑽に励むなど、常に学び続けようとする姿勢を持っているか。
・子どもの成長や安全、健康管理に常に配慮して、具体的な教育活動を組み立てることができるか。
・挨拶や服装、言葉遣い、他の教職員への対応、保護者に対する接し方など、社会人としての基本が身に付いているか。
・他の教職員の意見やアドバイスに耳を傾けるとともに、理解や協力を得ながら、自らの職務を遂行することができるか。
・学校組織の一員として、独善的にならず、協調性や柔軟性を持って、校務の運営に当たることができるか。
・気軽に子どもと顔を合わせたり、相談に乗ったりするなど、親しみを持った態度で接することができるか。

- 子どもの声を真摯に受け止め、子どもの健康状態や性格、生育歴等を理解し、公平かつ受容的な態度で接することができるか。
- 社会状況や時代の変化に伴い生じる新たな課題や子どもの変化を進んで捉えようとする姿勢を持っているか。
- 子どもの特性や心身の状況を把握した上で学級経営案を作成し、それに基づく学級づくりをしようとする姿勢を持っているか。
- 自ら主体的に教材研究を行うとともに、それを活かした学習指導案を作成することができるか。
- 教科書の内容を十分理解し、教科書を介して分かりやすく学習を組み立てるとともに、子どもからの質問に的確に応えることができるか。
- 板書や発問、的確な話し方など基本的な授業技術を身に付けるとともに、子どもの反応を生かしながら、集中力を保った授業を行うことができるか。
- 基礎的な知識や技能について反復して教えたり、板書や資料の提示を分かりやすくするなど、基礎学力の定着を図る指導法を工夫することができるか。

3.「履修カルテ」の活用

「**履修カルテ**」は自身の履修履歴の記録であり、しっかりと各自作成して自己評価をふまえて教職実践演習の学習に活用しなければなりません。具体的には、先にあげた４つの事項、①使命感や責任感、教育的愛情等に関する事項、②社会性や対人関係能力に関する事項、③幼児児童生徒理解や学級経営等に関する事項、④教科・保育内容等の指導力に関する事項にかかる各々の到達目標や到達目標の確認指導例をもとにして、教員としての資質能力が身に付いているのかを自己評価を通して明確にしてみましょう。

ここでは、これまでの学習履歴である履修カルテを用いて、どの程度教員としての資質能力が身についているのかを確認してみることができます。そこでの各自の課題をふまえて「教職実践演習」の学びが充実したものとなります。

（森山　賢一）

教科等の指導

2 教育実習のふり返り

　教育実習は学校教育の全体を一教員の立場で体験するもので、免許種等によって期間は異なりますが、2週間から4週間のあいだ、実際の学校で実施します（大学によっては短期間の予備実習と本実習に分けて実施する場合とがあり、本章でいう「教育実習」は本実習にあたる）。

　教職課程を履修している学生にとっては教職課程の総仕上げであり、**教員免許取得のための最大の関門**といっても過言ではなく、おそらくみなさんもかなりの緊張感をもって臨まれたのではないでしょうか。

第1節　教育実習の意義

　教師という職業は、（本採用であっても臨時的任用や非常勤採用であっても）採用後すぐ一人で授業を行い、学級担任を務めることも珍しくありません。初任者研修等の研修の機会はありますが、授業、学級経営、学校運営すべての面で、即戦力となることが前提になっているのです。さらに、子どもたちを教え育てると同時に命を守ることも求められている実に責任が重い職業です。このような教師になるにあたって、教育実習は学校教育の実際を教職に就く前に体験することができる唯一の機会です。

　したがって、教育実習は大学で学んできた知識（一般教養や教職教養、専門教養）と技能（教科指導法や授業技術）が教育実践の場でどの程度通用するかを試す場でもあり、みずからの**教職への適性**をあらためて考える機会でもあります。実際にさまざまな個性をもつ子どもたちに接し、教え、指導する経験を通して、教師という仕事の多様さや難しさを知ることも多く、また、やりがいや素晴らしさを再認識することもあります。

　教師は国の未来を担う子どもたちの「人格の完成」を目指す使命感と責任感に加え、子どもたちに対する深い愛情がなければ務まりません。「私は子どもが好きだから教師に向いている」と思っていても、教育実習で子どもたちと相対してみたら、「好きなだけでは教育はできない」と思い直すことになるかもしれません。反対に、「とりあえず教員免許は取っておこう」と消極的な理由から教育実習に臨んだところ、自己の意外な適性に気づき、教職に就く意欲が強くなることもあります。

　さらに、大学内だけでは学べなかったことを新たに学ぶこともできるのが教育実習です。たとえば、多数の教職員から構成される学校という組織の動態や雰囲気、教職員間の人間関係のあり方などは、その場に身を置くことでしかわからないものです。

第2節　教育実習はふり返りが重要

　さて、「**教職実践演習**」を履修中のみなさんは原則として教育実習を終えているわけですが、

今の心境はいかがでしょうか？

「とてもうまくいった。教師になれる自信を深めた。」

「うまくいったとは言えないが、とにかく乗り切れてほっとしている。」

「子どもたちが感謝の言葉を述べてくれて感動した。教師になるという気持ちが高まった。」

「辛いことばかりで、うんざりした。」

等々、さまざまだと思われますが、重要なことは教育実習をやりっぱなしにしないことです。教育実習のような体験学習はふり返りを十分に行ってこそ意味があり、みなさんにとって価値あるものになるのです。

ふり返ることで、これから教師になるにあたって不足している力を認識でき、これから補うことも可能です。学生の段階で教師として完成している人などいませんので、必要な能力を少しでも増やしておけるかが、教師としてのスタートを左右するといってもよいでしょう。

教育実習をふり返ると、「教科の指導」に関することばかりが頭に浮かんでくるかもしれませんが、教師の仕事は実に多種多様で、学級経営、放課後指導、部活動指導、登校・給食・清掃指導もあります。さらに、体育祭や文化祭、校外学習、防災訓練など学校行事も毎月のようにあり、教師の重要な仕事です。これらすべてを教育実習で本格的に経験できるわけではありませんが、網羅的には体験できたはずです。体験できなかったものも校長先生をはじめ教科・学級指導教諭からの話や観察から学べたことと思います。

さらに、教育実習は教師という社会人体験でもあります。したがって、社会人としての常識的ふるまいができたかも、教育実習のふり返りに加えたいものです。

第3節　教育実習校の要望

ではいくつか具体的にふり返ってみましょう。

教育実習に関する調査（冨江・川島, 2010）では、教育実習受け入れ校から見た最近の**実習生の問題点**として、「教師を目指す意欲の不足」、「知識・学力不足」、「社会人としての常識不足」、「教師としての自覚不足」が多く指摘されています。あなたはこれらについてはどうだったでしょうか？

1. 教職への意欲

まず、教育実習に臨む意欲はどうだったでしょう？

みなさんのなかには「意欲は十分あったはずだが、教育実習校からの評価は高くはなかった」という人がいるかもしれません。それは、先輩教師からすれば、「その程度の意欲では教師としては続かない」という愛情ある厳しいメッセージだと理解しましょう。あらためて「本当に教師を一生の職業としたいのかについて」自問してみることも有意義でしょう。

また、教師になる（なりたい）という意志は実習前と実習後では変化がありましたか？もし、実習後に迷いが生じたのであれば、教育実習中の何が原因かをふり返ってみることをお奨めします。

2．知識と能力

次に知識と能力についてです。授業を行ってみて、専門教科の知識不足や一般教養不足を感じることはありませんでしたか？　大学での模擬授業では想定していなかった児童生徒の実態や反応に対して臨機応変に対処することはできましたか？

また、中学校実習では道徳の授業を行うこともあったはずですが、授業展開は十分にできましたか？　さらに「総合的な学習の時間」も担当したのであれば、専門教科以外の知識や実践力も求められたことでしょう。

3．社会人としての常識

そして、社会人としての常識について、自己評価としてはいかがでしょうか？

「未熟な言葉遣い。挨拶ができない」、「不適切な服装、髪型」、「社会人としてのルールが守れていない（欠勤や遅刻時の連絡など）」、「守秘義務意識が低い」など、教育実習校からは社会人としての基本の不足が多く指摘されています。

これらは大学での**教育実習事前指導**等で口うるさく注意されている事項のはずですが、教育実習校から見れば不十分であるということは、教育実習に臨む意識が甘いということになります。「勤務表」や「出勤表」という呼称に象徴されるように教育実習は勤務であり、教育実習生は社会人の一人であるのですが、この自覚はどうであったか、ぜひふり返ってください。

4．児童生徒とのコミュニケーション

また、児童生徒とのコミュニケーションについても、「児童生徒に自分から進んで話しかけられない」、「児童生徒と友だち言葉で話す」などが教育実習校からあげられています。児童生徒理解には児童生徒との積極的なかかわりが不可欠です。児童生徒から話しかけてきてくれるのを待っているだけでは教師失格です。引っ込み思案で教師に話しかけたくても話しかけられない児童生徒や自分のことを気にしてほしくて待っている児童生徒もいます。教師に反発してそっぽを向いている児童生徒も、教師から話しかけることで変わるかもしれません。

とくに登校指導や清掃指導、給食指導時は授業時とは異なり、児童生徒も構えていませんので、声をかける好機です。この点、あなたの教育実習ではどうだったでしょうか？

以上、教育実習校から指摘されることの多い重要振り返りポイントを紹介しました。教育実習全般にわたって詳細なふり返りができるように次ページに「教育実習ふり返りシート」を掲載しましたので、ぜひ活用してください。

その際、単に「できた－できなかった」をチェックするのではなく、教育実習中の自分の言動を思い出して、できなかった項目は、なぜできなかったかを考えてみることはもちろんのこと、できた項目も「もっとこうすればよかった」とさらなる改善点を考えてみてください。

最後に、教育実習は受け入れ校にとっても大きな負担であることを忘れてはなりません。負担であるにもかかわらず教育実習生を受け入れ、指導をしてくださるのは、これからの教育を担う若い力に期待しているからに他なりません。そして、これから教職に就くみなさんにはこ

のような大きな期待を背負っていることを常に忘れないでほしいと思います。（川島　眞）

ワークシート

宮本（2013）は、教育実習全般について詳細なふり返りが可能な「教育実習ふり返りシート」を作成しています。ここでは短縮版を掲載します（一部改編）。

1. **自身の教育実習態度について**
   ①遅刻・早退等なく、熱心に教育実習に取り組むことができた。　②指導者として適切な言葉遣いができた。　③学校行事・学年行事・集会等へ積極的に参加できた。　④他の実習生と共通理解を図り、協力して教育活動に取り組むことができた。

2. **児童生徒理解について**
   ①児童生徒の行動や言動等を観察し、児童生徒への理解を深めようとした。　②児童生徒と接する機会をできるだけ多くつくり、児童生徒の理解に努めようとした。　③児童生徒と接するなかから、児童生徒の特性や個性、それぞれの違いを理解できた。　④そのときどきの状況や児童生徒の状態等を判断し、適切に対応できた。　⑤児童生徒の話を最後まで聞き、気持ちを受け止めようと努力した。

3. **児童生徒指導について**
   ①学校の規則や決まりを理解し、それぞれの児童生徒に応じた指導ができた。　②朝の会、帰りの会等で、適切な指導ができた。　③週目標や一日のめあて等を考慮して児童生徒指導に取り組むことができた。　④昼食時、児童生徒の給食係としての服装指導、食事指導に努めた。　⑤みずから進んで清掃や美化活動に努め、児童生徒にも適切な清掃指導ができた。

4. **自己啓発について**
   ①他の学生の授業や他教科の先生の授業等を進んで参観したり参加したり、さまざまな方面から指導のあり方を積極的に学ぼうとした。　②担当教諭からの指導や他の実習生からの批評・意見に対して素直に耳を傾けることができた。　③授業の反省、分析から問題点を把握し、次への改善策や課題を見つけることができた。　④教育実習の記録を丹念にとり、定められた日時に提出することができた。

5. **ホームルーム（ロングの学活）や「総合的な学習の時間」等で指導した内容について**
   ①児童生徒が学校生活の諸問題や将来について考えるきっかけを与えられた。　②児童生徒の考える力、生きる力を育成できる内容であった。

6. **部活動等に関して一番印象に残っているのはどのようなことでしたか？**

7. **学習指導（授業前）について**
   ①題材の目標や児童生徒の実態等をふまえ、創意・工夫をした授業準備ができた。（授業構想、指導案等）　②フラッシュカードやワークシート、拡大譜等の教材・教具の準備ができた。

8. **学習指導（授業後）について**
   ①１時間のねらいを明確にした授業ができた。　②準備した教材、教具を有効に使用することができた。　③児童生徒の反応を活かし、児童生徒の活動を大切にした授業を進めることができた。　④発問や板書が学習に有効に働くよう工夫できた。　⑤研究授業の自

己評価（ア　成功だった　　イ　まあまあ成功だったと思う　　ウ　思うようにできずやや不満　　エ　できればやり直したい）
9. 教育実習を終えて、教育実習に行くまでに、もっと勉強しておくべきだったと思う事柄はどのような事柄ですか。
　　・授業に関して（　　　　　　　　　　　　　　　　　　　　　　　　　　　　　）
　　・授業以外で　（　　　　　　　　　　　　　　　　　　　　　　　　　　　　　）
10. 教育実習へ行く前と行った後では、教職に対する意識はどのように変わりましたか。

【もっと深めよう！】
これから教育実習に行く後輩へのアドバイスシートを書きましょう。
　①　児童生徒に受け入れられる授業を行うためのアドバイス：
　②　児童生徒との円滑なコミュニケーションをとるためのアドバイス：
　③　ホームルーム（LHRも含む）運営のアドバイス：
　④　指導教諭や他の先生方から指導を受ける際のアドバイス：
　⑤　勤務態度についてのアドバイス：
　⑥　その他教育実習期間全般についてのアドバイス：

【引用・参考文献】
川島眞・酒井美恵子（2013）．4コマまんがで楽々ナットク中学校生徒指導丸わかりガイド　明治図書
宮本憲二（2013）．教育実習ふり返りシート　尚美学園大学音楽表現学科
文部科学省（2011）．生徒指導提要　教育図書
文部科学省（2012）．教職生活の全体を通じた教員の資質能力の総合的な向上方策について（答申）　中央教育審議会
冨江英俊・川島眞（2010）．受け入れ校からみた教育実習の現状と課題　教師教育研究第23号　85-93

　学びを深める図書およびDVD　

宮崎猛・小泉博明　教育実習まるわかり　新版【小学校・中学校・高校　完全対応】（教育技術MOOK 教員採用試験完全突破シリーズ）［ムック］　小学館
NHK（2007）．プロフェッショナル　仕事の流儀　高校教師　大瀧雅良の仕事　勝つことよりも大事なことがある［DVD］　NHKエンタープライズ
NHK（2007）．プロフェッショナル　仕事の流儀　中学教師　鹿嶋真弓の仕事　人の中で人は育つ［DVD］　NHKエンタープライズ
NHK（2013）．プロフェッショナル　仕事の流儀　小学校教師　菊池省三の仕事　未来をつかむ、勝負の教室［DVD］　NHKエンタープライズ
尾木和英・有村久春・嶋崎政男（2011）．生徒指導提要を理解する実践する　学事出版
柴田義松・木内剛（2012）．増補版　教育実習ハンドブック　学文社

コラム：教育実習のふり返り

「教育実習」はどんな先生にとっても一生に一度の経験です。後にも先にも一度きり。そして、教師になるための大事な実践練習です。私は実習において、やりたいことができずに後悔することだけは絶対に避けたいと思い、準備を進めました。

とくに大切にしたいと考えたのは生徒との関係づくりでした。そのために私は、実習の半年近く前から、お世話になる中学校のサッカー部で、コーチとして、生徒と関わるようにしました。いつか教師として、サッカー部の指導にも携わりたいと思っていたので、その勉強も兼ねてのことでした。

迎えた実習はとても楽しかった反面、とても辛い日々でした。生徒たちにとっては、実習生も先生です。毅然とした態度で接することが求められます。言葉遣いや、ちょっとしたしぐさや動作なども、普段からどれだけ「教師になること」を意識しているかで、その一つひとつが変わってきます。

しかし、その一方で生徒とは一番年が近い存在でもあります。フレンドリーに接することも必要だと感じました。色々な生徒がいますが、私は、とにかくできるだけ生徒との時間を大切にして、実習中にしかできないことを最優先して行動をしました。そうしたかかわりのなかで生徒から学ぶものがたくさんありました。ただし、重要なことはそれに気づけるかどうかです。謙虚な姿勢で、学ぼうとする気持ちがなければ気づきません。もちろん、生徒からだけではなく、周りの先生方の気遣いやアドバイスからも多くのことを学びます。決して、感謝の心は忘れてはいけません。みずから学ぶ姿勢と、それを次に生かす行動力がとても大事だと思います。

実習の日々は朝早くから夜遅くまで学校にいて、体力的にも精神的にも本当に大変ですが、そうした日々も前向きに考えなければいけません。教師になれば、この日々が当たり前なのです。大変だけど、楽しいと思えるか、辛いと思うかは、その人の「心」次第です。

授業に関しても、やはり「教えることは難しいこと」だと感じました。教材研究はもちろん、生徒が何を考えているのかまで意識しなければ良い授業はできません。私は「どう楽しませるか」や「自分が生徒だったら、どう思うか。内容は理解できるか」を意識して取り組みました。

実習の最後は実に感動的なものでした。生徒たちと別れるのは辛かったですが、3週間の頑張りが報われるようでした。実習で受けもった生徒たちは、教員人生のなかでのはじめての生徒になり、忘れられない存在になります。また、そこでお世話になった先生との出会いは貴重で、頂いた言葉は宝物となります。充実した実習にできるかどうかは、実際をイメージした事前の「準備」と、どんな困難な時でも前向きな「考え方」によるところが大きいと思います。ぜひ、教師になるリハーサルで、なんでも吸収して成長してやろうという強い意気込みで臨んでください。そうすれば、きっとかけがえのない経験になることと思います。

ぜひ、教育実習におけるさまざまな体験を今後に活かすためには、何でも吸収して成長してやろうという強い意気込みで、教育実習を真摯にふり返ってください。そうすればきっとかけがえのない経験となり、あなた自身の力になると思います。

(秋原　翔)

 # 3 学習指導要領内容

　日々の授業実践やさまざまな教育活動は、日本国憲法、教育基本法、学校教育法等の法令および『学習指導要領』の内容をふまえて計画され、実践されるものであることを十分に理解しておきましょう。本章では、学習指導要領の基本的な事項について確認し、道徳教育に関しては第7章、特別支援教育については第10章を参照してください。

第1節　学習指導要領とは

　学習指導要領とは、児童生徒が、全国のどの地域で教育を受けても、一定の水準の教育を受けられるようにするために国が定めた「基準」であり、教科等の目標や教育内容、留意事項などが示されているものです。とくに、義務教育である小学校・中学校においては、機会均等の観点から、全国どこの学校でも教育水準が一定の範囲内にあることが求められています。教師の専門性の違いから生じる教育内容の差や、地域の実情に応じた各学校の創意工夫による教育内容の差等は生まれますが、地域や各学校によって教育内容や教育水準に偏りがでないよう、学習指導要領にその基準が示されているのです。

　学習指導要領は、文部科学大臣の諮問機関である中央教育審議会の答申（「中教審答申」）を受けて、文部科学省が作成し、文部科学大臣が「告示」するものとなっています。学習指導要領は法的拘束力をもつものとされるため、各学校における教育課程は、この学習指導要領にしたがって作成されなければなりません。

　学習指導要領には、教育課程（カリキュラム）を編成する際の基準や配慮事項等が示されており、小学校は『小学校学習指導要領』、中学校は『中学校学習指導要領』、高等学校は『高等学校学習指導要領』、特別支援学校は『特別支援学校幼稚部教育要領』、『特別支援学校小学部・中等部学習指導要領』、『特別支援学校高等部学習指導要領』と、学校種によって4種類あります。中等教育学校では、生徒の該当学年に応じた学校種の学習指導要領が適用されます。

　それぞれの学校種の学習指導要領の内容は、「**総則**」などの主要な箇所では共通している点も多いのですが、それぞれの学校種に応じて異なっている点があるため、該当の学習指導要領を用いることが不可欠です。

　教育計画・授業計画を立てる際には、学習指導要領の各教科や教育活動における具体的な目標（ねらい）および内容、指導上の留意点を熟読することが求められます。学習指導要領では要点が凝縮されているため、具体的な授業計画を作成する際には、併せて出版されている『学習指導要領解説』を参照することが必要です。

　一般に「教師用指導書」と呼ばれるものや、モデルとなる指導案を参照して授業計画を立てることがありますが、これらをマニュアル化して使用するのではなく、学習指導要領にお

ける目標と内容をふまえた指導計画を作成しなければなりません。また、検定教科書や教育評価とのかかわりも深いため、実際に授業を計画する際に、学習指導要領がどのように関係してくるかという点から理解しておく必要があります。教育内容（何を）や教育方法（どのように）は、教育目的（何のために）と教育目標（どのような力を身につけさせたいのか）によって導かれるものです。この視点から、学習指導要領を読み解いていかなければなりません。

第2節　学習指導要領の変遷

　日本における最初の学習指導要領は、1947（昭和22）年の『学習指導要領・一般編（試案）』です。これは教師の「手引き」のようなものでしたが、1958（昭和33）年に改訂されてからは「告示」とされ、法的拘束力をもつものとされました。そして、1958年の改訂以来、社会や子どもたちの変化をふまえて、おおむね10年ごとに改訂されてきています。以下に、主な各改訂の特徴を示します。

改訂における、主なねらいと特徴

　① 1951（昭和26）年改訂：従来の「教科課程」を「教育課程」へ改称し、各教科の配当授業時数を4つの経験領域に分けて定め、道徳教育・健康教育があらゆる機会に指導されるべきものであることが明確化されました。「自由研究」が「教科以外の活動」（小）、「特別教育活動」（中高）となり、教科と教科外活動（特別教育活動）によって教育課程が編成されました。

　② 1958－60（昭和33－35）年改訂：官報への「告示」となり、法的拘束力をもつものとされました。教育課程の基準としての性格が明確化されます。道徳の時間の特設、系統的な学習を重視、基礎学力の充実、科学技術教育の向上等が特徴としてあげられます。

　③ 1968－70（昭和43－45）年改訂：教育内容の一層の向上（「教育内容の現代化」、時代の進展に対応した教育内容の導入）が目指されました。授業時数は、最低時数ではなく、標準時数であるとされました。

　④ 1977－78（昭和52－53）年改訂：ゆとりのある充実した学校生活の実現へ転換し、学習負担の適正化（各教科等の目標・内容を中核的事項にしぼる学習内容の精選）が行われ、「ゆとりの時間」（学校裁量時間）が新設されました。

　⑤ 1989（平成元）年改訂：社会の変化にみずから対応できる心豊かな人間の育成（生活科の新設、道徳教育の充実等）がねらいとされ、「新しい学力観」のもとに、個性尊重・体験的な学習や問題解決的な学習が重視されました。国旗・国歌の指導の明確化、授業1単位あたりの時間を弾力化、「生活科」の新設などが特徴にあげられます。

　⑥ 1998－99（平成10－11）年改訂：基礎・基本を確実に身につけさせ、みずから学びみずから考える力などの「生きる力」の育成（教育内容の厳選、完全学校週5日制、「総合的な学習の時間」の新設等）が目指されました。2003（平成15）年に一部改正があり、学習指導要領の「基準性」が一層明確化され、「最低基準」であることが示されました。習熟の程度に応じて発展的な学習や補充的な学習が認められるものとなりました。

第3節　新学習指導要領における「生きる力」と「確かな学力」

1. 2008－2009（平成20－21）年改訂の背景

　2008（平成20）年3月28日に、『小学校学習指導要領』および『中学校学習指導要領』が告示されました。そして、小学校は2011（平成23）年4月から、中学校は2012（平成24）年4月から、高等学校は2013（平成25）年度入学生から（数学および理科は2012年度入学生から）で、順次、新学習指導要領が実施されていました。

　この新学習指導要領の改訂の趣旨は、2008（平成20）年1月17日の中央教育審議会答申「幼稚園、小学校、中学校、高等学校及び特別支援学校の学習指導要領等の改善について」（以下「2008年中教審答申」）において詳細が示され、学習指導要領の改善の方向性として、すなわち、①改正教育基本法等をふまえた学習指導要領改訂、②**「生きる力」**という理念の共有、③基礎的・基本的な知識・技能の習得、④**思考力・判断力・表現力**等の育成、⑤**確かな学力**を確立するために必要な授業時数の確保、⑥学習意欲の向上や学習習慣の確立、⑦豊かな心や健やかな体の育成のための指導の充実、といった7点が示されました。

　2008（平成20）年版『学習指導要領解説　総則編』の「総説」の「改訂の経緯」では、21世紀が、新しい知識・情報・技術が政治・経済・文化をはじめ社会のあらゆる領域での活動の基盤として飛躍的に重要性を増す、いわゆる「知識基盤社会」（knowledge-based society）であることが指摘され、このような状況において、「生きる力」の育成がますます重要になってくることが強調されています。また、2005（平成17）年中央教育審議会答申「我が国の高等教育の将来像」においても、基礎的・基本的な知識・技能の習得やそれらを活用して課題を見いだし、解決するための思考力・判断力・表現力等が必要であることが指摘され、知識・技能が常に更新される必要がある生涯学習の時代において、学校教育が重要な基盤であることが示されました。

　今回の改訂の背景には、OECD（経済協力開発機構）やPISA調査などの各種の調査結果で、日本の児童生徒は「生きる力」や思考力・判断力・表現力等が弱いのではないか、といった指摘が一因となり、「学力問題」が議論されるようになったこと、また、不登校、いじめ、基本的な生活習慣が身についていない児童生徒の問題も指摘されるなど、さまざまな教育課題が考えられます。

2.「生きる力」と「確かな学力」

　今回の学習指導要領の特徴は、『学習指導要領解説　総則編』の「改訂の基本方針」として示されている次の3点です。
　①教育基本法改正等で明確となった教育の理念をふまえ「生きる力」を育成すること。
　②**知識・技能の習得**と思考力・判断力・表現力等の育成のバランスを重視すること。
　③道徳教育や体育などの充実により、**豊かな心や健やかな体**を育成すること。
　『学習指導要領解説　総則編』では、平成8年7月の中央教育審議会答申（「21世紀を展望し

た我が国の教育の在り方について」)で提言された「生きる力」、すなわち「基礎・基本を確実に身に付け、いかに社会が変化しようと、自ら課題を見つけ、自ら学び、自ら考え、主体的に判断し、行動し、よりよく問題を解決する資質や能力、自らを律しつつ、他人とともに協調し、他人を思いやる心や感動する心などの豊かな人間性、たくましく生きるための健康や体力など」を引用し、今回の改訂において、1998・99（平成10・11）年の学習指導要領における「生きる力」の理念が引き継がれることを示しています。また、『学習指導要領』（中学校）の総則の「教育課程編成の一般方針」においては、「学校の教育活動を進めるに当たっては、各学校において、生徒に生きる力をはぐくむことを目指し、創意工夫を生かした特色ある教育活動を展開する中で、基礎的・基本的な知識及び技能を確実に習得させ、これらを活用して課題を解決するために必要な思考力、判断力、表現力その他の能力をはぐくむとともに、主体的に学習に取り組む態度を養い、個性を生かす教育の充実に努めなければならない」とし、いわゆる、基礎的・基本的な知識・技能の育成をねらいとする習得型の教育と、自ら学び自ら考える力の育成をねらいとする探求型の教育の両方が必要であることが示唆されています。

　新学習指導要領では、先に述べたような社会時代背景をふまえ、これからの時代、子どもたちに求められるのはこの「生きる力」であり、学校教育においては、「生きる力」を育成することが重要な目標となることが強調されています。この「生きる力」は、「確かな学力」、「豊かな人間性」、「たくましく生きるための健康や体力」などによって成り立つものです。教育課程の編成、また各教科の指導においては、児童生徒の思考力・判断力・表現力を育成するために、**言語活動**を充実させていくことも強く求められています。教職を志望する学生は、学習指導要領で示されているこれらの内容を十分に理解しておく必要があります。

（岩本　親憲）

ワークシート

1. 友だちとペアになり、学習指導要領の「生きる力」という言葉の意味を、「確かな学力」という用語を使って、自分の言葉で相手に説明してみましょう。
2. 教育実習で担当した単元（授業、研究授業）に関係することがらが、学習指導要領のどこにあるか、該当する箇所を探し出してみましょう。
3. 学習指導要領では、障害のある児童生徒について、どのようなことに配慮して指導計画を作成するように書かれているか確認してみましょう。

【もっと深めよう！】
　学習指導要領について、次のことを調べてみましょう。
①「総合的な学習の時間」が設定された背景を説明してみましょう。
②学習指導要領の変遷の背景として、それぞれの時代の社会の変化、子どもの変化、学力観の変化を考えてみましょう。
③国際化する社会において、新しい「学力」が求められてきています。「主要能力（キーコンピテンシー）」という言葉を調べてみましょう。
④小学校においては「外国語活動」が新設され、高等学校では外国語科の授業は英語で行うものとされました。現在、中学校でも同様に英語で授業を行うことが検討されています。その動向を調べてみましょう。

【引用・参考文献】
森山賢一編著（2013）．教育課程編成論　学文社
田中耕治・水原克敏・三石初雄・西岡加名恵著（2011）．新しい時代の教育課程〔第3版〕　有斐閣アルマ
加藤幸次編（2011）．教育課程編成論〔第二版〕　玉川大学出版部
文部科学省（2009）．小学校学習指導要領　東京書籍
文部科学省（2008）．中学校学習指導要領　東山書房
文部科学省（2011）．高等学校学習指導要領　東山書房
文部科学省（2008）．中学校学習指導要領総則解説編　ぎょうせい
文部科学省（2009）．高等学校学習指導要領総則解説編　東山書房

 学びを深める図書

篠原正典・宮寺晃夫編著（2012）．新しい教育の方法と技術　ミネルヴァ書房
田中智志・橋本美保監修・山内紀幸編著（2013）．教育課程論　一藝社
田中耕治・鶴田清司・橋本美保・藤村宣之著（2012）．新しい時代の教育方法　有斐閣

コラム：学校教育のバイブル「学習指導要領」

　教師となって最初に開こうとするのは、何といっても教科書でしょう。小学校であっても高等学校であっても同様です。新学期が始まり、新しい教科書を開いた時のワクワク感は生徒も教師も同じです。

　しかし、教科書の編集にあたってその基本となっているものは、「学習指導要領」です。現在の学習指導要領はA4判で、高等学校の場合は447ページにも及びます。それだけ内容も、項目を中心とした構成から、科目ごとに目標・内容・内容の取り扱いに至るまで詳しく書かれています。

　ところで、そもそも教科書は、文部科学省の検定を経て採択されたものを使うことになっているわけですが、教科書の編集にあたってもっとも重視されるのは何と言っても学習指導要領の内容と教科書の記述が合致しているか否かです。しかも学習指導要領には、単に教科に関することだけではなく、教育課程編成の一般方針から総合的な学習の時間に関すること、特別活動に関することに至るまで学校での教育内容全般に関することが盛り込まれています。

　学校に勤務すると、数年に1度の割合で教育委員会の指導主事による学校訪問が行われます。これは、各学校での教育活動が適正に行われているか、児童生徒の実態に応じた指導が行われているかなど、学校の教育活動全般にわたって指導主事からの指導助言を受けるものです。

　その際、各学校では全教員が指導案を作成し、授業を実施し、指導主事からの指導助言を受けます。指導案を作成するには、何といっても学習指導要領が基本です。教育課程編成の基本方針に則り、「内容の取扱い」に記載されている留意事項に注意しながら、指導案を作成していきます。いわゆる指導書にも指導案や指導上の留意事項が記載されていますが、その原点は何と言っても学習指導要領です。指導主事の指導助言の原点もやはり学習指導要領です。

　たとえば、現行の高等学校学習指導要領の「世界史B」には以下のように記載されています。

　　「……各時代における世界と日本を関連付けて扱うこと。また、地理的条件とも関連付けるようにすること。」

　指導主事訪問の際、「世界史B」の授業がこのような視点から指導されているのか、内容に偏りがないのかなど指導主事は学習指導要領を大きなよりどころとして指導助言を行います。

　この学習指導要領は、ほぼ10年に1度改訂が行われます。その時代その時代の要請に応えるべく、内容の改訂やあらたな教科・科目の設定を行い、内容の取り扱いを変えていきます。この学習指導要領は、廉価でかつ解説を併せて読み込めば、これほど有効で身近な参考図書はないはずです。教職経験を積めば積むほど学習指導要領の重さを実感してくるはずです。

　遠い存在のように見えてとっても身近な資料、それが学習指導要領です。ぜひ手元に置いて、教科書とともに読み込んでいきましょう。

（百瀬　明宏）

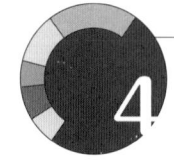 **教科等の指導**

4 学習指導案作成の重要性とその意義

第1節　学習指導案を作成する意義

1．指導意図や指導構想の明確化による計画的・効果的な指導

　学習指導案は、授業者の学習指導構想を一定の形式に表現したものです。具体的な作成内容は、「指導内容についての考え方や児童生徒の学習実態」「指導内容の指導順序と指導方法」「評価内容と評価方法」などです。授業者は、学習指導案を作成することによって、授業前に指導内容の理解を深めることができます。さらに、児童生徒一人ひとりの学習能力や興味・関心など、実態に即した指導方法を工夫した指導計画を練り上げることができます。学習指導案を作成することにより、児童生徒一人ひとりに、学習内容を確実に身につけさせる計画的・効果的な指導が可能となるのです。

　学習指導案作成上で重要なことは、学校が作成した**各教科等の指導計画**に基づいて学習指導構想を練ることです。それは、日々の教科等の授業が、**学校教育目標**を具現化するための核となる重要な教育活動だからなのです。学校教育目標の実現は、教育活動全体を通じて行うものですから、各教科等の指導計画に示された目標や指導内容および指導時数などをふまえ、日々の教科等の授業展開がなされることが不可欠です。したがって、授業者には、学校が作成した各教科等の指導計画に示された目標や指導内容および指導時数などを理解し、児童生徒の**学習実態**の把握や**教材研究**を十分に行って学習指導案を作成することが求められます。

2．学校の各教科等指導計画の評価・改善の資料

　授業者を含め関係教職員には、日々の教育実践を通して、各教科等の指導目標や指導内容の配列や構成、授業時の学習活動と内容および予想される児童生徒の反応と指導などを計画した指導計画を、評価し、改善する取り組みが求められます。学習指導案に基づいて実施した授業に関する記録（主要な発問、児童生徒の反応と指導）および、授業後の研究協議などは、各教科等の**指導計画の評価・改善**の重要な資料となるのです。よくわかる簡潔な表現で学習指導案を作成することが必要です。

第2節　学習指導案の内容

　学習指導案の形式には、とくに決まった基準はありません。「授業の対象等に関する内容」「単元（題材、活動、主題）に関する内容」「本時に関する内容」の三つで構成するのが基本です。以下は、教科等の学習指導案の作成内容例です。

【各教科】（単元⇒音楽科、図画工作科・美術科、家庭科は「題材」）
　(1) 日時、教室　　(2) 学年・組、児童生徒数　　(3) 単元名
　(4) 単元目標（a　総括目標　b　具体目標）　　(5) 単元について
　　a　教材について（教材を学ぶ意義、指導内容の系統性など）
　　b　児童生徒について（単元目標に関わる学習経験や興味・関心など）
　　c　指導について（単元目標実現に向けた具体的手立てなど）
　(6) 単元の**評価規準**（観点別）　　(7) 単元の指導計画　　(8) 本時目標　　(9) 本時展開
　(10) 板書計画

【道徳の時間】
　(1) 日時、教室　　(2) 学年・組、児童生徒数　　(3) 主題名　　(4) 資料名・出典
　(5) 主題設定の理由
　　a　ねらいとする道徳的価値について（内容項目に含まれる道徳的価値）
　　b　児童生徒の実態と指導の方向について（内容項目に関する児童生徒の道徳的課題と本時の指導の方向性）
　　c　資料の取り扱いについて（本時のねらい実現に向けた教材の活用方法）
　(6) 本時のねらい　　(7) 本時展開　　(8) 板書計画　　(9) 使用教材（資料等）

【学級活動】
　(1) 日時、教室　　(2) 学年・組、児童生徒数　　(3) 題材（話し合い活動は「議題」）
　(4) 児童生徒の実態と題材設定の理由（話し合い活動は「議題選定の理由」）
　(5) 評価規準（観点別）と目指す児童生徒の姿　　(6) 活動と指導の見通し
　(7) 本時展開（a　本時のねらい　b　本時展開　c　事後指導）　　(8) 板書計画

第3節　学習指導案作成の主な手順と留意点

1. 手順1：学校の教科等の年間指導計画の確認

　学校のすべての教育活動は、学校教育目標の具現化を目指して行われます。各教科等は核となる重要な教育活動であり、**意図的、計画的、組織的な指導**が求められます。したがって、学習指導案の作成は、学校の各教科等の**年間指導計画**（以下、年間指導計画）から、学習指導案を作成する指導時期の**単元**（**題材、活動、主題**：以下、単元）名、教材、単元目標や指導内容、指導時数などの確認をすることから始めます。

2. 手順2：学習指導要領等の内容の確認

　学習指導要領は、各学校種段階の児童生徒が、日本全国どこでも一定の教育水準の教育が受けられることを保障するため、国が定めた**教育課程の基準**です。各学校種の学習指導要領には、各教科等の目標や内容および内容の取り扱いに関する配慮事項等が示されています。学習指導要領（含む解説）や教育委員会作成の手引きを確認することで、学習指導案を作成する単元に関する指導学年段階の目標や内容と指導の要点および配慮事項などの理解を深めることができます。授業者は、それらの理解を深めることで、本時を含め単元全体の学習を

通して育成する力等の設定がよりたしかなものとなります。さらに、年間の指導内容や前後の学年の指導内容とのつながりなどを配慮した、具体的な単元全体の学習活動を計画することができるのです。

3. 手順3：児童生徒の実態把握と課題の分析

児童生徒の実態把握は、年間指導計画で確認した単元目標や指導内容を観点に、これまでの評価資料や補助簿などを通して把握します。課題の分析では、学習指導要領が示す指導内容（基礎的指導内容）、基礎的指導内容を身につけるために補充すべき指導内容（補充的指導内容）、基礎的指導内容を身につけた上で学びを広げたり深めたりする指導内容（発展的指導内容）など、把握した実態に応じた指導内容を明らかにします。学級内の児童生徒の学習状況は必ずしも一様ではありません。基礎的指導内容の習得に時間のかかる児童生徒（補充的指導内容の指導が必要な児童生徒）、さらに深い内容への学習を求める児童生徒（発展的指導内容の指導が必要な児童生徒）が存在するのが一般的です。授業者が、事前に基礎的指導内容、補充的指導内容、発展的指導内容を明らかにすることにより、児童生徒一人ひとりの学習実態に応じたきめの細かい指導が実現できるのです。

4. 手順4：単元目標と単元評価規準の設定

学習指導案に設定する単元目標は、年間指導計画の単元目標を確認し、単元全体の主な学習活動と関連づけて簡潔な言葉で設定します。一般的に年間指導計画の単元目標は、はじめに、総括目標、次に、具体目標を「関心・意欲・態度」「思考・判断」「知識・理解」「技能・表現」などの観点別に、主な学習活動と関連づけて設定します。語尾表現は、「関心・意欲・態度」は「～ようとする」、「思考・判断」は「～と考える」、「知識・理解」は「～がわかる」、「技能・表現」は「～できる」とします。単元の**評価規準**は、単元目標の実現状況を評価する規準です。「関心・意欲・態度」「思考・判断」「知識・理解」「技能・表現」など、観点別に設定された単元目標を達成した状況を想定し、主な学習活動と関連づけて具体的に設定します。語尾表現は、「関心・意欲・態度」は「～しようとする」、「思考・判断」は「～と考えている」「知識・理解」は「～がわかる」、「技能・表現」は「～できる」とします。

5. 手順5：単元の指導計画と評価計画の作成

単元の指導計画は、年間指導計画で確認した単元指導計画の学習の流れを基本として、「ねらい」「主な学習活動」「評価計画」などの作成項目について、時系列に即して具体的に位置づけます。その際に留意すべきことは、「主な学習活動」では、時系列の学習活動の流れに連続性をもたせることです。「評価計画」では、どの指導時に、どの評価内容を、どのような方法で評価するかを明確に示すことです。

6. 手順6：本時の学習指導案の記述と授業の進め方

所定の学習指導案形式に即し記述します。年間指導計画をよりどころとして学習指導要領

等や教材研究を十分に行い、だれが見てもよくわかるよう平易で簡潔な表現で記述します。本時目標は、年間指導計画の主な学習活動と関連づけ、本時に指導する内容について具体的に記述します。本時の展開には、導入から終末（まとめ）までの学習活動、基本発問と予想される児童生徒の反応、その反応の評価内容・方法、評価後の指導内容・方法を具体的に記述します。

導入の学習活動は、自主的・自発的に学習に取り組めるよう動機づけを図る学習指導過程です。授業者は、児童生徒一人ひとりの知的好奇心を刺激したり、思い・こだわりを重視した学習課題を提示したりする工夫をします。また、児童生徒が、単元全体の学習活動の流れを見通せるよう工夫をします。

展開の学習活動は、本時のねらい実現の中心となる学習指導過程です。個別、グループやペアでの学習、学級全体で討論する授業形態があります。授業者は、児童生徒一人ひとりが、自分の考え方をもてるようきめの細かい評価と支援に努めます。また、授業者が司会役になり、把握した児童生徒の考え方に基づき意図的に指名するなどして、多様な児童生徒の考え方等を引き出すようにします。学習に遅れがちな児童生徒、学習が進んでいる児童生徒の自己有用感を高めたり、多様な考え方等を知って学習内容の理解を深めたりすることができるからです。さらに、学級仲間への理解も深まるので、人間関係づくりにも役立つ効果も期待できます。

終末の学習活動は、本時の学習活動をふり返り、わかったことやできるようになったことを児童生徒がまとめたり、互いに認め合ったりする学習指導過程です。各児童生徒が板書の内容等をふり返ってわかったことや、できるようになったことをノートやワークシートにまとめ、それを学級全体で確認したり、観点別評価カードに記入したりします。最後に、次時の学習への興味・関心を高め、主体的に学習に取り組めるようにするため、次時の学習内容予告をしたり、本時の学習内容の発展的課題を児童生徒に考えさせたりします。

授業を進めるにあたり授業者が大切にすべきことは、児童生徒が学習の目的に向かって意欲的に取り組めるよう支援することです。授業者には、各学習指導過程において児童生徒の発言内容や話し合いの様子を観察し、評価し、学習状況に応じた指導（補充的指導内容の指導・発展的指導内容の指導）をする努力が求められます。

第4節　学習指導の基本技術等について

1. 学習指導形態の活用

①一斉学習：学級全体の児童生徒を対象に進める学習指導形態です。「導入段階で学習のめあてを考えたり、学習方法や手順を共通理解したりする場合」「展開段階で、情報共有や解法等を練り上げる場合」「終末段階で、学習のまとめをする場合」など、全員に一つのことを知らせたり考えさせたりするのに有効です。一斉学習では、画一化した授業展開や授業者主導の授業展開にしない工夫が必要です。

②小集団学習：グループやペアを組ませて進める学習指導形態です。学習活動に参加する機会を多くしたり、能力差、個人差に応じた学習を進めたりするのに有効です。小集団学習では、学習活動のねらいと内容、手順を明確にすることや、発言や活動が特定の児童生徒に偏らないようにする工夫が必要です。

③個別学習：学習活動のめあてを共通理解した上で、児童生徒一人ひとりに自力で課題解決させる学習指導形態です。個別学習は、児童生徒の主体的な学習態度の育成に有効です。個別学習では、児童生徒一人ひとりの学習状況を把握し、個に応じた学習が進められるようにする工夫が必要です。

2. 発問・指示・説明

　学習活動は、発問・指示・説明など授業者による児童生徒への学習課題への動機づけから始まります。授業者が、授業のなかで効果的な発問・指示・説明をバランスよく組み合わせて用いることで、児童生徒の学習は広がったり深まったりします。発問は、授業者が児童生徒に学習目標や指導内容の理解を促すため、学習のめあてをとらえさせたり、多様な考え方や感じ方を引き出したり、思考の方向を問うたりする学習刺激です。児童生徒への学習活動の指示や説明と区別されます。

　発問・指示・説明の効果を高めるために留意すべきことは、明確なねらいをもち、正しい言葉で、わかりやすく、適切な大きさの声ではっきり話すことです。さらに、児童生徒が集中して最後まで聞くことができる配慮を心がけることです。

3. 板　　書

　板書は、学習課題や学習者の発言や考え方、学習のまとめが書かれるなど、学習活動の展開を助けるために活用される基本的な教具です。「学習活動全体の流れや学習の要点が視覚的に理解できる」「児童生徒相互が意見や情報の交換をしながら課題追究できる」などの板書構成を工夫することで、児童生徒の学習についての理解が深まり学習意欲も高められます。また、板書計画を事前にきめ細かく計画（学習指導過程のどの段階で、どの場所に、どのような文字等を、何色で書くなど）することにより、授業者は、学習活動の流れや児童生徒の反応を確認しながら授業を進めることができます。また、板書には、指導計画の評価・改善にいかす意義（板書内容を資料として授業の成果や改善点について検討すること）もあります。

　板書の効果を高めるために留意すべきことは、児童生徒の発達段階に即し「学習の流れや学習内容の要点が一目でわかる」「正しい文字や記号を用いる」「形などを整えて書く」などの板書構成をすることです。

（西田　正男）

【引用・参考文献】
文部科学省（2008）．小学校学習指導要領解説：総則編
横浜市教育委員会（2009）．横浜版学習指導要領：総則編

教科等の指導

5 学習指導案の作成と授業の展開・工夫

■ 学習指導案作成と指導の実際（算数科第6学年「対称な図形」8時間扱い）

　日時と学年・組・児童は、授業実施に関する事実を記述します。単元名は、年間指導計画の単元名を転記します。単元目標は、年間指導計画の単元目標を確認し、単元全体の主な学習活動と関連づけて簡潔な言葉で設定します。以下1～9までの項目とポイントは小・中・高における学習指導案の作成において重要になります。ここでは「小学校算数科第6学年『対称な図形』8時間扱い」を例として紹介します。

【算数科学習指導案例】

1. **日時・教室**（略）
2. **学年・組・児童数**（略）
3. **単元名** 「対称な図形」
4. **単元目標**
　◇総括目標：対称な図形について理解し、平面図形の理解を深める。
　◇具体目標：関心・意欲・態度（線対称・点対称な図形の美しさに関心を示している）、数学的な考え方（線対称・点対称な図形かどうか論理的に思考できる）、表現・処理（線対称・点対称な図形の作図ができる）、知識・理解（線対称・点対称の意味を理解している）。
5. **単元について**
　a．**教材について**（教材を学ぶ意義、指導内容の系統性など）
　年間指導計画には、教材を学ぶ意義や指導内容の系統性などの解説が省略されている場合が多く、教材観の記述をするために教材研究を深める必要があります。教材を学ぶ意義や指導内容の系統性を授業者が十分理解することなしに、教科書を教材として単元目標を実現させる指導をすることは困難です。学習指導要領解説：算数科編や教育委員会作成の手引き、使用教科書教師用指導書などを研究し、教材を学ぶ意義や指導の要点および指導内容の系統性の理解を深め、教材についての考え方を文章化することが大切です。

　児童は5年生で合同な図形の観察や構成などの活動を通し、合同の意味や性質、図形の合同条件を学習している。本単元では、合同な図形の学習をいかし対称性という新しい観点からさまざまな図形を考察し、線対称や点対称の意味や性質を理解し、対称性を観点に既習の平面図形を見直し特徴をとらえ、既習の平面図形についてまとめていく。また、線対称・点対称な図形の作図法について、対称な図形の性質をもとに筋道立てて説明する力を伸ばすとともに、日常生活に対称な形が用いられていることの有用性や美しさを感得できるようにする。
　ここでの学習は、縮図や拡大図の学習や、中学校第1学年の図形の移動や直線や平面の位置関係の学習へと発展していく。

b．児童について（単元目標に関わる学習経験・実態や興味・関心など）

　年間指導計画で確認した単元（題材、活動、主題）目標や指導内容を観点に、本単元学習に関わる学習経験や本単元の学習に関する児童の実態と要因について、これまでの評価資料や補助簿などから把握し文章化します。

　　本学級の児童は、前学年までに角の概念や角の大きさの測定法や基本的な平面図形の定義、性質、作図について、直線の平行や垂直の位置関係を観点に学習している。さらに、図形の合同、対応する頂点、辺、角の対応について学習し、基本的な平面図形についての理解を深めている。また、多くの児童が基本的な平面図形の作図ができる。しかし、そう作図できる理由を簡潔に説明できる児童は少ない。これは、基本的な平面図形の定義、性質の理解が不十分なため、どの要素に着目すれば形が決まるのかという必要十分な条件に目を向けようとする考え方まで深まっていないことが要因と考えられる。また、作図手順についても手際よく正確な言葉で表現することに不慣れである。これも、定義、性質の理解の不十分さと簡潔に説明するドリル不足が要因と考えられる。

c．指導について（単元目標実現に向けた具体的手立てなど）

　単元目標の実現に向け、本単元の学習に関する児童の実態（b児童について）に応じた具体的手立てなど、教師の考え・思いを文章化します。

　　本単元の内容は、既習事項を確実に理解し、それらを用いて問題解決ができれば困難なものではない。学習が遅れがちな児童には、既習の平面図形の概念（定義、性質、作図）や合同な図形の学習内容を補充しながら、本単元の学習に取り組ませ、基本的な平面図形について対称性を観点に分類することや単純な対称図形の作図ができるようにしたい。学習が進んでいる児童には、対称図形の概念（定義、性質、作図）など基礎的・基本的事項を自在に活用して対称図形の説明をしたり、複雑な対称図形を単純な対称図形の変形と見て作図法を工夫させたりしたい。また、学習が遅れがちな児童の考え方を補うなど、児童全員で答えが出せ、学ぶ楽しさを味わえる学級づくりのリーダーに育てたい。

6．単元の評価規準

　観点別単元目標を達成した状況を想定し、学習指導要領解説：算数科編や使用教科書教師用指導書などを熟読し、主な学習活動と関連づけて具体的に設定します。

算数への関心・意欲・態度	数学的な考え方	数量や図形についての表現・処理	数量や図形についての知識・技能
◇身のまわりから対称な図形を見つけようとしている。 ◇均整のとれた美しさや安定性など、対称な図形の美しさに気づいている。	◇対称という観点から、既習の図形を見直し、図形を分類整理したり、分類した図形の特徴を見出したりしている。	◇線対称な図形や点対称な図形を作図したり、構成したりすることができる。	◇線対称・点対称な図形の意味や性質について理解している。 ◇身の回りから線対称・点対称な図形を見つけたり、その特徴をとらえたりするなど、図形についての豊かな感覚をもっている。

7．単元の指導計画 （8時間扱い）

　年間指導計画で確認した単元指導計画の学習の流れを基本として、単元全体の主な学習活

動と内容および評価計画の要点を記述します。

時	ねらい	主な学習内容	評価計画
1・2	線対称・点対称な形の定義を知る。	◇合同な2枚の三角形を組み合わせてできるたこ形と平行四辺形の作り方の説明法を考え、各対称図形の定義を知る。	◇数学的な考え方、知識・理解・技能を発言や記述内容で評価。
3	線対称な形の対応する点の性質を知る。	◇たこ形の対称の軸と対応する点の関係を調べ、線対称な形の性質を知る。	◇数学的な考え方、知理・技能を発言や記述内容で評価。
4	線対称な形の作図法を知る。	◇三角形の一辺を対称の軸として、たこ形を作図し、作図方法を筋道立てて説明する。	◇数学的な考え方、知理・技能を発言や記述内容で評価。
5	点対称な形の対応する点の性質を知る。	◇平行四辺形の対称の中心と対応する点の関係を調べ、点対称な形の性質を知る。	◇数学的な考え方、知理・技能を発言や記述内容で評価。
6	点対称な形の作図法を知る。	◇三角形の一辺の中点を対称の中心として、平行四辺形を作図し、作図方法を筋道立てて説明する。	◇数学的な考え方、知理・技能を発言や記述内容で評価
7	学習内容を確実に身につける。	◇身の回りから対称な図形を見つけ、図形がもつ安定感や美しさを感じとり、対称な形が生活に用いられるよさを知る。	◇数学的な考え方、関心・意欲・態度、知理・技能を記述内容で評価。
8	本単元の達成状況の評価。	◇単元末テストをする。	◇数学的な考え方、知理・技能を発言や記述内容で評価。

8. 本時目標 （1・2時間目）

指導計画の主な学習活動をよりどころに、児童が行う学習活動とその学習活動を通して児童が学ぶ内容について、授業者の立場から記述します。

> 2つの合同な三角形の対応する辺を組み合わせて作った四角形を観察し、一方を裏返すと重なる図形と、一方を180度回転すると重なる図形に分類し簡潔な作り方を考え、線対称・点対称な図形の定義を理解できるようにする。

9. 本時展開案と指導の実際

児童（c）の学習内容と教師（T）の指導	評価（◎）と支援（※）
T1：2枚の合同な三角形があります。合同であることを確かめる、うまい方法はありませんか。 C1：3つの合同条件で C2：ぴったり重ねて　　指名はC2⇒C1 T2：合同な2枚の三角形の対応する辺同士組み合わせると、どんな四角形ができるでしょう。（※個別⇒全体討論） T3：できた6種類の四角形を仲間分けしましょう。（※） C3：色の違い（同色、ツートン）で仲間分け	※三角形の表裏は色違い ※遅れがちな児童には、ずらす、回す、裏返す操作の仕方を助言 ◎作業観察や構成数から《考え方》を評価 ※指名は遅れがちな児童⇒進んでいる児童 ◎仲間分けの根拠を発言や観察から評価《考え方》

学習指導案作成と指導の実際

C4：平行四辺形とたこ形で仲間分け C5：組み合わせた辺で折ると重なる、重ならない仲間分け T4：たこ形の作り方を簡単に説明しましょう。（※） C6：3回の操作で説明 ←少ない操作で考えるよう助言 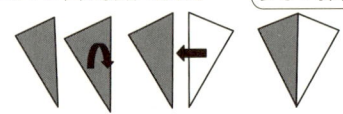 C7：2回の操作で説明 	※指名は遅れがちな児童⇒進んでいる児童 ◎簡単な説明に用いるアイディアや操作の工夫を観察や記述から評価 《関心・意欲・態度》 ※対称の軸で裏返す操作説明のよさを実演
T5：たこ形のように、基準の直線（対称の軸）で一方を裏返すと、もう一方に重ねることができる図形を線対称な図形という。	◎定義から類推し線対称な形を弁別しているか観察や記述から評価《考え方、関心・意欲・態度》
T6：線対称な形はたこ形だけだろうか。（※） C8：直観的根拠で既習の四角形の範囲内の図形 C9：基本的平面図形の定義や性質を根拠に既習の三角形、四角形の範囲内の図形 ←指名は C8 ⇒ C9,10 C10：線対称な図形の定義を根拠に既習の三角形、四角形の範囲内の図形、円、一般図形の範囲まで	◎説明に用いるアイディアや操作の工夫を観察や記述から評価 《関心・意欲・態度》
T7：平行四辺形の作り方も簡単に説明しましょう。（※） C11：3回の操作で説明 ←少ない操作で考えるよう助言 C12：2回の操作で説明	◎簡単な説明に用いるアイディアや操作の工夫を観察や記述から評価 《関心・意欲・態度》
T8：平行四辺形のように、基準の点（対称の中心）で一方を180度回すと、もう一方に重ねることができる図形を点対称な図形という。	※対称の中心で回す操作のよさを実演
T9：点対称な形は平行四辺形だけだろうか。（※） C13：直観的根拠で既習の四角形の範囲内の図形 C14：基本的平面図形の定義や性質を根拠に既習の三角形、四角形の範囲内の図形 ←指名は C13 ⇒ C14,15 C15：点対称な図形の定義を根拠に既習の三角形、四角形の範囲内の図形、円、一般図形の範囲まで T10：練習問題をしましょう。（★小テスト）	◎定義から類推し点対称な形を弁別しているか観察や記述から評価《考え方、関心・意欲・態度》 ◎線対称・点対称な図形の定義の理解状況を記述から評価《知理・技能》

10．板書計画

合同な2枚の三角形の対応する辺を組み合わせて四角形を作ろう	作り方を簡単に説明しよう（電話の相手にわかるように）
《仲間分け》 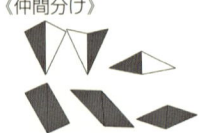 《たこ形の特長》 ・色がちがう ・中央の線で折り返すと重なる 《平行四辺形の特長》 ・色が同じ ・中央の線のまん中で回すと重なる	 たこ形のように基準の直線（対称の軸）で一方を裏返すともう一方に重ねることができる図形を線対称な図形という。 平行四辺形のように基準の（対称の中心）点で一方を180度回すともう一方に重ねることができる図形を点対称な図形という。

第5章　教科等の指導：学習指導案の作成と授業の展開・工夫

★小テスト（例）

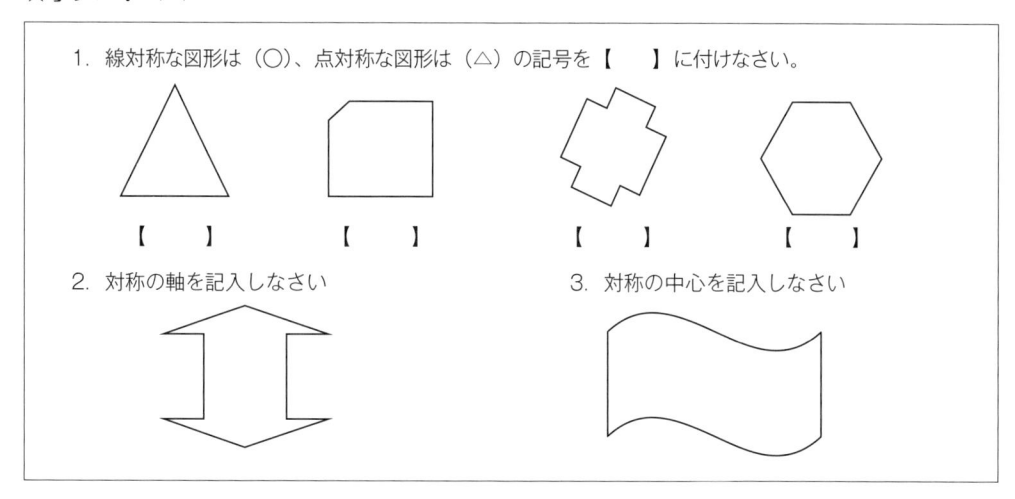

1. 線対称な図形は（○）、点対称な図形は（△）の記号を【　】に付けなさい。

　【　】　　　【　】　　　【　】　　　【　】

2. 対称の軸を記入しなさい

3. 対称の中心を記入しなさい

（西田　正男）

【引用・参考文献】

横浜市教育委員会（2010）．横浜版学習指導要領指導資料
熱海則夫ほか編（1984）．小学校教育評価全集（4）：算数　ぎょうせい

コラム：生徒中心型授業のすすめ——ペア学習とグループ学習の活用を通して

「わかる授業」を求めて，ペアやグループでの学びあい学習を推進しています。生徒は誰もが，勉強ができるようになりたいという気持ちをもっています。しかし，授業がわからなくなると，おのずと授業に魅力がなくなり，学習意欲が低下します。ペアやグループの学習は，生徒が中心となって授業を作る生徒中心型（students center）授業を展開することができます。教師指導型の一斉授業より，生徒が主体となり授業を進めることで，一人ひとりが参加しなければならない活動が多くなり，個々の存在感が生まれます。また，学びあうことで生徒のわかろうとする気持ちをより育成することができます。

生徒中心型授業は，筆者の2ヵ月の海外研修（教職員派遣研修）の経験によるものが大きいです。研修期間は教える立場から教えられる立場となり，仲間と助け合い，課題を解決するためにお互いに意見を出し合い，常に自分の存在を感じることができました。現在，生徒中心型授業（中学英語の授業）を以下のように進めています。

①ペアまたはグループの作り方

英語を得意とする生徒を軸として編成します。グループは男女混合4人編成で作ります。生徒指導上配慮を有する生徒については，学級担任に確認をして編成をします。学び合い学習に参加できない生徒は，教師の支援によりペアやグループ内で学習させるようにします。

②授業での活動

授業では，教科書を使用した基礎的な音読練習から，応用的な活動であるスキット作り・課題解決型の活動等に取り組んでいます。課題解決型は，ペアまたはグループ内で相談し協力しながら，目的をもって課題を解決していきます。このような活動を積み重ねて経験することで，友だちの考えを知り，そこから自分を見つめ直すことができ，認めあう気持ちが生まれます。

この生徒中心型授業について，生徒にアンケートを取ってみると，ほぼ9割の生徒が「楽しい」「友だちと学び合うことができるのでとても助かる」「友だちの考え方が参考になる」と感じています。英語が不得意な生徒にとっては，わからない部分を教師に質問するより気軽に仲間に聞くことができ，次へのやる気につながっていくこともこのアンケートでわかりました。また，英語の得意な生徒は，不得意な生徒へ教えることによって，再度自分の学習の定着を確認することができます。そこには充実感・存在感も感じることができます。このように，学習意欲は，ペアやグループでの活動を通して，認めあい学びあう人間関係を作り，活動に取り組む目的意識があると高まってきます。

（川上　順子）

教科等の指導

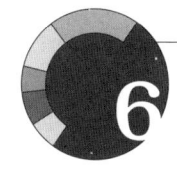

6 模擬授業

第1節 授業力

「授業がうまく、学級担任がしっかりできる先生」。このような教師を保護者、教育委員会、校長は望み、「授業力・学級経営力は、現職教員の前提となる力量であり、早期からその両輪で力をつけていくこと」と、その重要性が述べられています（菊水・塚元，2011）。教職実践演習において、「**授業力**」を確認することは主要な課題の一つです。

「授業力」とは何か

「新しい時代の義務教育を創造する」（平成17年10月28日　中央教育審議会）「第2章　教師に対する揺るぎない信頼を確立する―教師の質の向上―（1）あるべき教師像の明示」の②教師の専門家としての確かな力量に次の内容があります。

　　「『教師は授業で勝負する』と言われるように、この力量が『**教育のプロ**』のプロたる所以である。この力量は、具体的には、児童生徒理解力、児童生徒指導力、集団指導力、学級作りの力、学習指導・授業作りの力、教材解釈の力などからなるものであると言える。」

「授業力」とは、教材解釈の力、学習指導・授業づくりの力を総じて表現したものです。教育の専門家としての確かな力量と授業力の関係は、菊水・塚元（2011）が述べている通り、一方の車輪には学級経営の力があり、他方の車輪には授業力があります。この両輪の力がプロの教師、つまり、専門家としての力量を示すものとなります。その両軸には、縦軸として指導力があり、これは、個別の指導と集団の指導が含まれています。横軸には理解力があり、児童一人ひとりの受容と相談の力があります。縦の力としての指導力と横の力としての理解力が授業力と学級経営力を支え、プロとしての教師力となって表れます。

第2節　模擬授業の意義

授業は、教師にとって真剣勝負の場であり、教師と児童生徒が織り成す知の創造の場です。授業を行う上で大切なことが2つあります。1つはストーリー（物語）作りであり、もう1つはイメージ作りです。授業者が、授業の導入・展開・終末のストーリーが描けることとそのすべてをイメージできることが大切です。

ストーリーをイメージ化できるようになるためには、リハーサル（予行練習）としての模擬授業が有効です。岸（2013）は、体育科における模擬授業の検討を行い、「**授業省察力**」の変容の研究から模擬授業は、受講生の「授業省察力」の変容や教材等の改善に良い影響があったと報告しています。また、同じく、体育科の模擬授業の効果に関する方法的検討の研究を発表した福ケ迫・坂田（2007）は、体育授業観が変容する、体育授業観察力を育成するこ

とができる業を改善する力を育成することができると述べています。

その他にも「学習指導に関する自己診断（課題チェック表）」を用いると、目標設定や指導課程・学習指導力形成の手がかりを得られることが指摘されています（田宮，2010）。

このように、模擬授業は授業力向上には大きな効果があります。

第3節　授業力向上を確認する模擬授業のあり方

ここで行う模擬授業は、教育実習で修得した授業力を確認するためです。

確認する内容は、①学習指導の基本的事項を身につけているか、②授業を行う上での基本的な表現力を身につけているか、③児童生徒の反応に応じた工夫ができるか、です。以上の3つの内容の詳細は次のようになります。

項目	内容
①学習の基本的事項	○みずから主体的に教材研究を行い、研究の内容を活かした学習指導案を作成することができる。 ○教科書の内容を十分理解し、教科書を介してわかりやすく学習を組み立てることができる。 ○基礎的な知識や技能（基礎学力）の定着を図る指導を行うことができる。
②授業を行う上での基本的な表現力	○発問が本時の目標にそっていて、それを的確に示すことができ、児童生徒にわかりやすい表現である。 ○板書の果たす役割をふまえ的確に行うことができる。 　板書は次の3つの役割をもっている。 　・児童生徒の理解を助ける。 　・児童生徒の思考を助ける。（方向づけ、整理、発展） 　・学習を記録保存する。 ○声の大きさ、表情や話し方が児童生徒の理解や集中を保つ表現である。
③児童生徒の反応に応じた工夫	○個別の学習状況を見取る机間指導を行う。 ○学習の進行を助ける資料の提示や個別の声かけを行う。 ○児童生徒の反応を活かしながら授業に取り入れ、集中力を保った授業を行う。

第4節　模擬授業の進め方

模擬授業を教職実践演習の履修者全員が行うように少人数グループを編成します。しかし、人数と時間の都合で、「教職実践演習」の枠のなかではできない場合があります。ここでは全員が模擬授業をできない場合の例を示します。

模擬授業を2回の授業で行う事前の準備、当日の流れ、事後の指導の内容は次のようになります。

項目	内容
事前の準備	①学習指導案の作成（全員） ②授業についてのシミュレーション（グループごと。4～5人程度が望ましい） ③授業者を決める（グループ代表） ④模擬授業当日の流れについて確認する ⑤模擬授業に向けての教材準備（グループごと）
当日の流れ	①役割と時程の確認（5分） 役割 ・授業者（授業グループ代表） ・観察者（授業グループ） ・ビデオ等による記録者（授業グループ） ・授業後の協議会の司会（授業グループ） ・児童生徒役（授業グループ以外の全員） ②模擬授業（45分あるいは50分） ・児童生徒役は、できるだけ、その学年の児童生徒になりきるように指導する。 ・複数グループで行う場合は、グループの数によって1人の持ち時間を割り当てる。 ③授業後の協議会（30分あるいは35分） ・授業についての話し合い（グループごと）（5分） 授業者への質問事項、良かった点、改善点について話し合い、発表者を決める。 ・全体会（司会は授業者グループ）（20分あるいは25分） 授業者自評、各グループからの質問・応答、話し合い（良かった点、改善点）、 講評（担当教員からの指導）（5分） ④授業後の連絡（5分） ・「模擬授業評価レポート」作成および「ワークシート」記述について ・次回の連絡
事後の指導	・提出された「模擬授業評価レポート」及び「ワークシート」に対してコメントを記載して返却し、個々の課題に対する今後の取り組みへのアドバイスをする。

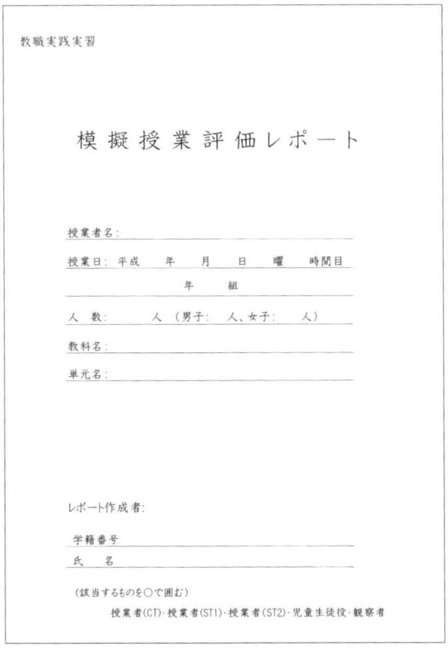

教職実践実習

模擬授業評価レポート

授業者名：

授業日：平成　年　月　日　曜　時間目

年　組

人　数：　人（男子：　人、女子：　人）

教科名：

単元名：

レポート作成者：

学籍番号

氏　名

（該当するものを○で囲む）

授業者(CT)・授業者(ST1)・授業者(ST2)・児童生徒役・観察者

図6－1　模擬授業評価レポート（表）例

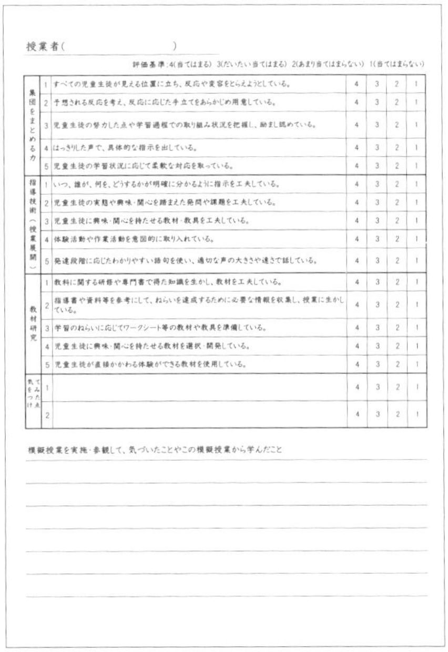

授業者(　　　　　　)

評価基準：4(当てはまる) 3(だいたい当てはまる) 2(あまり当てはまらない) 1(当てはまらない)

集団をまとめる力	1	すべての児童生徒が見える位置に立ち、反応や変容をとらえようとしている。	4	3	2	1
	2	予想される反応を考え、反応に応じた手立てをあらかじめ用意している。	4	3	2	1
	3	児童生徒の努力した点や学習過程での取り組み状況を把握し、励まし認めている。	4	3	2	1
	4	はっきりした声で、具体的な指示を出している。	4	3	2	1
	5	児童生徒の学習状況に応じて柔軟な対応を取っている。	4	3	2	1
指導技術（授業展開）	1	いつ、誰が、何を、どうするかが明確に分かるように指示を工夫している。	4	3	2	1
	2	児童生徒の実態や興味・関心を踏まえた発問や課題を工夫している。	4	3	2	1
	3	児童生徒に興味・関心を持たせる教材・教具を工夫している。	4	3	2	1
	4	体験活動や作業活動を意図的に取り入れている。	4	3	2	1
	5	発達段階に応じたわかりやすい語句を使い、適切な声の大きさや速さで話している。	4	3	2	1
教材研究	1	教科に関する研修や専門書で得た知識を生かし、教材を工夫している。	4	3	2	1
	2	指導書や資料等を参考にして、ねらいを達成するために必要な情報を収集し、授業に生かしている。	4	3	2	1
	3	学習のねらいに応じてワークシート等の教材や教具を準備している。	4	3	2	1
	4	児童生徒に興味・関心を持たせる教材を選択・開発している。	4	3	2	1
	5	児童生徒が直接かかわる体験ができる教材を使用している。	4	3	2	1
気をつけてみた点	1		4	3	2	1
	2		4	3	2	1

模擬授業を実施・参観して、気づいたことやこの模擬授業から学んだこと

図6－2　模擬授業評価レポート（裏）例

教職実践演習

記入日 ＿＿月＿＿日

「児童生徒の反応を生かした表現力や授業力を高める模擬授業」
ワークシート

学籍番号		氏　名	

(課題)
模擬授業を行い、教員としての表現力や授業力・児童生徒の反応を生かした授業ができたか、また
児童生徒が協力して取り組む姿勢を育む指導法等を身につけているか確認する。

（1）　教員としての表現力や授業力・児童生徒の反応を生かした授業づくりで工夫した点は何か。

(工夫した点)

(授業づくりで力がついてきた点)

（2）　班の代表者の模擬授業を受けて（観察して）感じた自分の授業の改善点。

(授業を受けた感想)

(自分の授業の改善点)

（3）　授業を行う上で身につけたいと考えている力は何か。

図６－３ 児童生徒の反応を生かした表現力や授業力を高める模擬授業ワークシート例

教職実践演習を終えて
「子供の反応を生かした表現力や授業力を高める模擬授業」
自己評価シート

教員の求められる資質、能力について理解を深めることができたか、自己評価しよう。

資質・能力項目	自己評価	感　　想
使命感・責任感や教育的愛情についての理解	A B C D	
社会性や対人関係能力についての理解	A B C D	
幼児・児童・生徒理解や学級経営についての理解	A B C D	
教科についての内容等の指導力についての理解	A B C D	

A　かなり深めることができた
B　ある程度深めることができた
C　少し深めることができた
D　変わらなかった

図６－４　児童生徒の反応を生かした表現力や授業力を高める模擬業自己評価シート例

第５節　模擬授業のふり返り

代表者の模擬授業を児童生徒役で受講した学生にとっても、自己の課題を明確にすることはできます。そこから、自主学習としての模擬授業を行うことへと発展することができます。くり返し模擬授業を経験することで、授業力が身についていくことからも、模擬授業は教師力を向上させる有効な方法であることには間違いありません。教員を目指す学生は機会を設けて、みずから進んで模擬授業を実践するようにしましょう。

（藤平　洋子）

【もっと深めよう！】

① あなたが取得した免許の主たる校種の担任として、教室にはじめて立った時の自己紹介を３分間で行ってみてください（学年を設定してもよいです）。

② 板書中に漢字の書き順の間違いを児童生徒から指摘されました。どのように対応しますか。

③ 授業中に、説明をしている途中で、「先生、わかりません」と児童生徒から言われました。あなたはどのような対応をしますか。

【引用・参考文献】

菊永俊郎・塚元宏雄（2011）.「実践的な力量形成を目ざした教員養成の充実――東京学芸大学及び立教大学における調査研究報告」鹿児島大学教育学部研究紀要

岸一弘（2013）.「小学校教員養成課程の体育科目における模擬授業の検討――受講生の「授業省察力」の変容に関して」共愛学園前橋国際大学論集

福ケ迫善彦・坂田利弘（2007）.「授業省察力を育成する模擬授業の効果に関する方法的検討」愛知教育大学保健体育講座研究紀要 No.32

田宮弘宜（2010）.「模擬授業における課題意識――教職実践研究Ⅰの実践から」鹿児島大学教育学部教育実践研究紀要

コラム：教育実習のふり返り

　学生時代、教員採用選考や教育実習に向け、講義や放課後、休日の時間を使い何度も模擬授業を行いました。生徒役には、大学の教授だけでなく、実際の教育現場で勤務されている中学・高校の先生方や教員を目指している学生、ゼミや部活動の仲間など多くの方々が協力してくださいました。そのようななか、免許状の取得予定であった数学と平成25年度の公立高校入学者から千葉県で必修化された道徳の2教科の模擬授業を行い、各教科で以下の点について学ぶことができました。

　数学では、学習指導要領の理解を深め、教材作りや授業を進めるためのポイントを身につけました。はじめの頃の模擬授業は、教科書に書いてあることを板書し、その説明をして、教科書や副教材の練習問題に取り組ませるといった内容でした。そのような授業に対し「この単元の目標や練習問題に取り組ませるねらいは何か」「板書で何を強調したいのか」などの先生からの質問にまったく答えられませんでした。そこで、学習指導要領を読み返し、単元のねらいや数学という教科の目標をしっかりと把握し、授業1時間分の学習指導案を作成しました。さらに、字を書くだけの板書ではなく、図や表、掲示物を用いて生徒が公式や解法をイメージしやすいような工夫をし、基礎の定着から発展へと広がる練習問題を考えました。そのことを通して、授業が以前よりスムーズに行えるようになり、授業の主役である生徒の視点に立ち、数学的思考力を育みながら、問題を解く楽しさや喜びを教えていく大切さを実感しました。現在数学を教えるなか、この経験は最大限に活かされています。授業集団のなかで学力差が生じやすい数学という教科で、日頃の授業準備から授業の流れを確認するだけでなく、生徒がつまずきそうなところを予想し、板書やプリントで苦手の克服を図ることで、生徒から「問題が解けると楽しい」「数学が好きになった」と言ってもらえることに大きな喜びを感じています。

　道徳では、学級・学年といった集団に合わせた題材選びや生徒の多様な考え方に柔軟に対応する力を養いました。道徳教育の題材は数多くあり、どの題材を選べばよいのかわからず、理由もなく題材を選び模擬授業を行ってしまったことがありました。その時先生方から、道徳では学校種や学年、学級の状況をふまえ、発達段階に応じた授業をする必要があることや明確な答えのない道徳教育において、生徒の発言を否定せずに聞き、なぜ、どうしてとみずからが問えるように生徒へ投げかけることでより良い授業になるとご指摘していただきました。そのことから、さまざまな場面を想定し、どのような時も生徒の考えを受け入れた上で、みずからの考えを述べ、生徒自身が問えることができる発問を投げかけることを念頭に置きました。その結果、教員だけが話をするのではなく、生徒と相互に意見や考えを伝えあう模擬授業となり、お互いを理解し尊重した上で道徳教育を行う必要性を肌で感じました。教員という立場になった今、道徳だけでなく数学や情報という教科でも、クラスによって授業の方法に変化をもたせ、教員と生徒、双方の力で授業をつくりあげていくことを意識しており、模擬授業の経験がこれらを考えるきっかけとなりました。

　学力や学習意欲の低下などの問題が叫ばれているなか、教員としてどのように授業を進めていくことが望ましいのかを考えながら、実践していくための基本的な能力を、模擬授業を通して習得することができました。今後も模擬授業の時と同様、授業準備にきめ細かく取り組み、質の高い授業を行えるようにしたいと考えています。教員を目指すみなさんも積極的に模擬授業に取り組んでみてください。

(間宮　亮)

教科等の指導

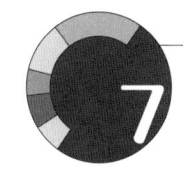

7 道徳教育と特別活動

第1節 道徳教育について

1. 児童生徒の現状と道徳教育の課題

急速な社会の変化に伴い、児童生徒の生活や意識も大きく変化しています。とくに、不登校、いじめなどの**学校不適応現象**の多発化、コミュニケーション能力の低下、学習意欲の低下、特別支援教育のあり方など児童生徒の現状は社会問題となっています。こうしたなか、義務教育では、社会の変化にみずから対応できる豊かな人間性や社会性を育成することが求められ、学校におけるあらゆる教育活動の場で道徳教育の推進を図っていかなければなりません。高等学校においても、学校の教育活動全体を通じて行う道徳教育の重要性が強調され、一層の充実を図ることが求められています。また、文部科学省(2013)は、小中学校の道徳の教科化について、他の教科とは異なる「**特別の教科**」を新設し、実施する方針を固め、今後さらに道徳教育の充実を図ることが強く要請されています。

2. 学校における道徳教育

学校における道徳教育とは、社会的状況において、児童生徒の意思決定に影響を与える働きかけのことです。具体的には、自己を律する力、人と人との関係のなかでの望ましい生き方や人間社会のなかで人間らしく生きようとする力を育成することです。また、自然や崇高なものとのかかわりを重視する教育です。そして、その基盤としての道徳性（道徳的心情、道徳的判断力、道徳的実践意欲と態度など）を養うものです。とくに、小学校では、生きる上で基礎となる道徳的価値観の形成や自己の生き方についての指導、中学校では人間としての生き方や社会との関わりを見つめさせる指導、高等学校では人間としてのあり方・生き方を主体的に探求し豊かな自己形成ができる指導が必要です。

学校における道徳教育は各教科、外国語活動、特別活動および総合的な学習の時間など、全教育活動を通じて行われるものです。今後はさらに各教科等の授業で、どのように道徳性を育むかが求められています（表7-1）。また、道徳の時間は、各活動における道徳教育の「要」として週時程に位置づけられ、計画的・発展的な指導によって補充、深化、統合し、道徳的価値の自覚を深め、道徳的な実践力を育成することを目指しています。そのため児童生徒の実態をもっともよく理解している学級担任の指導が原則とされています。

3. 道徳教育改革の具体的視点

新学習指導要領では、発達に応じた道徳教育の指導の重点や特色を明確にしています。教育改革の具体的視点として、下記のことをあげることができます。

表7-1　道徳教育に関わる各教科（下段は体験活動）における指導（中学校）の内容（一部抜粋）

月	教科	学習内容	自分自身に関すること					他人との関わり						自然や崇高なものとの関わり			集団や社会との関わり									
			生活習慣 1(1)	強い意志 1(2)	自主自立 1(3)	理想の実現 1(4)	個性の伸長 1(5)	礼儀 2(1)	思いやり 2(2)	友情 2(3)	異性理解 2(4)	寛容の心 2(5)	感謝 2(6)	生命の尊重 3(1)	畏敬の念 3(2)	弱さの克服と喜び 3(3)	集団生活の向上 4(1)	法の遵守 4(2)	公徳心 4(3)	正義・公正・公平 4(4)	勤労・奉仕 4(5)	家族愛 4(6)	愛校心 4(7)	郷土愛 4(8)	愛国心伝統文化 4(9)	国際理解人類愛 4(10)
	国語	ふしぎ							○																	
	社会	国々の構成と地域区分											○					○	○							○
	数学	正の数、負の数			○								○													
	特活	学級活動	自己紹介			○		○		○								○									
			学級組織つくり			○	○	○		○	○							○		○	○						
			学級目標・決まり作り			○	○	○		○								○		○							
		生徒会活動	委員会	○	○													○	○	○	○	○		○			
			新入生歓迎会						○	○				○				○	○	○	○			○			

①児童生徒の学習方法を納得・吸収型から発見・創造型にシフトする。

②社会的・現実的問題を扱うことで、児童生徒が社会生活の視点から学び、自分の生活に生かせるようにする。

③自分とは異なる考えに接するなかで、自分づくりや関係づくりを通じて、**自己肯定感**や**コミュニケーション**能力を高める。

④**宿泊活動**（小学校）、**職場体験活動**（中学校）、**奉仕体験活動**（高等学校）のなかで、体験的・問題解決的に学ぶことで、目的を学習者の内側に形成する。

⑤情報社会に生きるなか，インターネット上の掲示板やSNS，LINEなどへの書き込みによる誹謗中傷やいじめなどへ対応するため発達段階に応じて情報モラルを取り扱う。

4. 道徳教育の指導計画

(1) 道徳教育の全体計画

　全体計画は道徳教育の一貫性を図り、効果的推進の基盤となります。したがって、道徳の時間の位置づけや内容を明確にし、基本方針に基づき、道徳教育推進教師を中心に、共通理解のもとに作成する必要があります（表7-2）。

(2)「道徳の時間」の年間指導計画

　学習指導要領に示されたすべての**内容項目**を計画的に行うため、①各学年の年間にわたる指導の概要、②指導の時期・主題名・ねらい、③資料・主題構成の理由、④展開の大要および指導の方法などに留意して作成します（表7-3）。

表7-2 道徳教育全体計画の例（一部抜粋）

各教科

国語：国語を正確に理解し、適切に表現する能力を育てるとともに、思考力や想像力を養い言語感覚を豊にし、国語に対する認識を深め国語を尊重する態度を育てる。

社会：広い視野に立って、我が国の国土と歴史に対する理解を深め、公民としての基礎的教養を培い、国際社会に生きる民主的、平和的な国家・社会の形成者として必要な公民的資質の基礎を養う。

数学：数量や図形などに関する基礎的な概念や原理・法則の理解を深め、数学的な表現や処理の仕方を習得し、事象を数理的に考察する能力を高めるとともに数学的な見方や考え方のよさを知り、それらを知り、それらを進んで活用する態度を育てる。

道徳教育目標
1. 望ましい生活習慣を図り、個性を伸ばし、充実した生き方を求める力を養う。
2. 多面的なものの見方や考え方があることを理解させ、個性や立場の尊重・感謝と思いやりの心を育てる。
3. 自然に触れる機会を多くもたせ、自然や美しいものに感動する心を育てる。
4. 日本の優れた伝統の継承、新しい文化の創造に取り組む態度と先人や高齢者に対する敬愛の気持ちを育てる。

・素直でのびのびしている。
・郷土を愛し、地域の生活を大切にするが、広い視野で物事が考えられない。
・明るいが、じっくり考えるのが苦手である。

求める生徒像
・自ら求め、学習する生徒
・自ら考え、正しい判断のできる生徒
・スポーツに親しみ、健康な生徒

道徳教育重点目標
・基本的な生活習慣を身につけ、生命を尊ぶ心をもつ。
・相手の立場を考え、思いやりをもち、広い心で人に接する。
・主体性をもって、集団や社会に貢献しようとする。

特別活動
・自主的・多様な集団活動を通して、自己理解を深め、互いに協力して集団生活の向上に尽くす態度を育てる。

学級活動	学級や学校の生活を豊かにし、適応指導を充実する。
生徒会活動	生活の諸問題を話し合い、協力して解決しようとする。
学校行事	豊かな経験を通して、内面に根ざした道徳性を養う。

各学年の重点目標

表7-3 中学2年生の道徳の年間指導計画の例（一部抜粋）

第25回	指導月・週	12月	第1週
主題名	個性の伸長			
資料名	わたしの武器			
主題構成の理由	自分の欠点をプラスにかえていこうとする過程で、人とは違う自分の良さを発見し、それを伸ばそうとする態度を養う。			
ねらい	自分だけがレギュラーに選ばれずにショックを受ける主人公ではあるが、自分の長所に気づき、得意とする技を身につけようと努力する姿に共感させ人とは違う自分の良さを大切にし、それを伸ばそうとする態度を養う。			
展開の大要	1　2年生で自分だけがレギュラーに選ばれなかった時、美穂はどんな気持ちだろうか。 補.　どうして美穂はレギュラーになれなかったのだろう。 2　弱点を克服し、レギュラーで臨んだ大会で優勝し、ベンチに駆け戻ってきた時の美穂はどんな気持ちだろうか。 3　優勝し、努力が実った美穂であるが、どんな思いで1年生とともに黙々と練習に励み続けたのだろうか。 4　A～Cまでの意見のうち、自分の考えはどれに一番近いだろうか。 5　みんなは自分の良さに気づいているだろうか。さらに磨いていきたい自分の長所を書きとめておこう。			

第1節　道徳教育について

第2節　道徳の時間の指導

1. 指導内容

　学習指導要領には、指導すべき内容が4つの視点で示され、児童生徒の道徳性の発達に応じて構成・重点化することによって道徳的実践力の育成を効果的に図る必要があります。

> 視点1　主として自分自身に関すること
> 視点2　主として他の人とのかかわりに関すること
> 視点3　主として自然や崇高なものとのかかわりに関すること
> 視点4　主として集団や社会とのかかわりに関すること

2. 指導案の基本形

　指導案には、とくに決まった形式はなく、各教師の創意工夫が期待されますが、一般的には、次のような事項と内容とが取り上げられます。
　①主題名；ねらいを子どものわかる言葉で圧縮して表現する（資料名）。
　②主題設定の理由；ねらいや指導する理由、児童生徒の実態などに応じて資料を取り上げた理由と関連づけて記述する。
　③本時の指導；本時のねらいを端的に記述する。
　④学習指導過程；道徳的価値について、児童生徒が内面的自覚を深めていくための指導の手順を示す。導入、展開、終末の各段階に区分し、主な学習活動、発問と予想される児童生徒の反応、指導上の留意点などで構成する。

3. 道徳の指導方法と資料の活用

　学習指導過程の内容が指導方法であり、授業を通してどのような指導方法を用いるかを授業者は明確にしておく必要があります。全小・中学校に配付される補助教材「心のノート」・「読み物資料集」の効果的な活用や地域の人の話を伺うなど、学校の実態に合った工夫を行います。
　章末に道徳の学習指導案を掲載します。

第3節　特別活動の指導について

1. 特別活動の目標と指導上の留意点

　特別活動は、目標に示されているように、望ましい集団活動を通して、なすことによって学ぶ教育活動であり、人間としての生き方を学ぶ教育活動です。
　特別活動の指導に際しては、人間的なふれあいを深め、望ましい人間関係を形成すること

を念頭において、児童生徒の自主的・実践的な活動が助長されるように努めることが大切です。そのためには、児童生徒の発達の段階や実態を考えて内容を重点化し、学年・学級経営や各教科・道徳・総合的な学習の時間、生徒指導等との相互の関連を図り、計画や指導を評価し、改善に努めるといった全体計画が必須です。

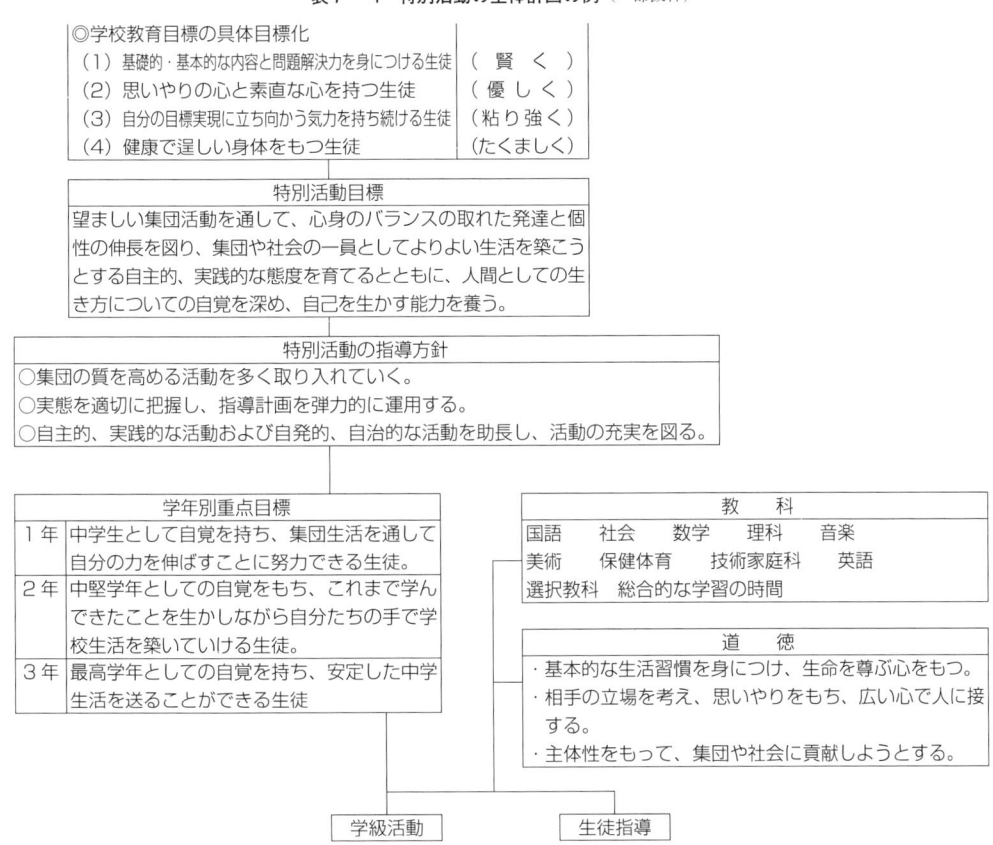

表7-4 特別活動の全体計画の例（一部抜粋）

◎学校教育目標の具体目標化
(1) 基礎的・基本的な内容と問題解決力を身につける生徒　（賢く）
(2) 思いやりの心と素直な心を持つ生徒　（優しく）
(3) 自分の目標実現に立ち向かう気力を持ち続ける生徒　（粘り強く）
(4) 健康で逞しい身体をもつ生徒　（たくましく）

特別活動目標
望ましい集団活動を通して、心身のバランスの取れた発達と個性の伸長を図り、集団や社会の一員としてよりよい生活を築こうとする自主的、実践的な態度を育てるとともに、人間としての生き方についての自覚を深め、自己を生かす能力を養う。

特別活動の指導方針
○集団の質を高める活動を多く取り入れていく。
○実態を適切に把握し、指導計画を弾力的に運用する。
○自主的、実践的な活動および自発的、自治的な活動を助長し、活動の充実を図る。

学年別重点目標	教科
1年　中学生として自覚を持ち、集団生活を通して自分の力を伸ばすことに努力できる生徒。	国語　社会　数学　理科　音楽 美術　保健体育　技術家庭科　英語 選択教科　総合的な学習の時間
2年　中堅学年としての自覚をもち、これまで学んできたことを生かしながら自分たちの手で学校生活を築いていける生徒。	道徳 ・基本的な生活習慣を身につけ、生命を尊ぶ心をもつ。 ・相手の立場を考え、思いやりをもち、広い心で人に接する。 ・主体性をもって、集団や社会に貢献しようとする。
3年　最高学年としての自覚を持ち、安定した中学生活を送ることができる生徒	

学級活動　　生徒指導

2. 学級活動

　学級活動は、学級を単位として、学級生活の向上を図るための、児童生徒の自発的・実践的な活動です。学校生活で直面する諸問題の解決や学級内の組織づくり、仕事の分担処理などを通して、基本的な生活習慣を形成するとともに、集団の一員としてのあり方を学ぶ場です。また、不安や悩みの解消や望ましい人間関係を育てるなかで、自己を生かす能力や自らの生き方を形成する場でもあります。

　学級活動では、とくに、教師と児童生徒、児童生徒相互の人間関係を基盤にしつつ、各教科・道徳・総合的な学習の時間、生徒指導、学級経営との関連に留意して、指導にあたることが大切です。児童生徒一人ひとりに目を向け、可能なかぎり児童生徒みずからの発案、創意を大切にしながら、児童生徒の作成する活動計画や実践活動を指導・援助することが学級

表7-5　学級活動指導案の展開部分の例（一部抜粋）

	・自分の悩みはみんなの悩み、解決方法をみんなで考えよう。			
○悩みの解決方法を考えることができる。 （30分）	○グループ（4人一組）になり、アンケートの項目を1つ選択し、解決方法をアドバイスするとしたら、どのようにアドバイスをするか具体的な解決方法について話し合う。 ・自由時間を減らし、学習時間を増やす。 ・気分転換のために、音楽鑑賞や趣味の時間をつくる。 ・友だちを誘って図書館で学習する。 ・家庭での進路相談を定期的に行う。 ・先輩からアドバイスを聞く。 ○グループでまとめた解決方法を発表する。 ○他のグループの発表を聞き、それについての意見を述べる。	グループ 一斉 一斉	・進路についての課題に対して、具体的な解決方法を話し合わせる。各自が実際に行っている解決方法があれば、なおよい。 ○身近な友だちに相談されたものとして、真剣に話し合うよう助言する。 ☆友だちの進路の不安や悩みに共感し、原因をつかみ、その解消方法を考えることができたか。 〈ワークシート・話し合い・観察〉 ・グループ発表をみんなへのアドバイスとしてとらえさせ、しっかり耳を傾けるよう促す。 ・必要であれば、メモを取らせる。	ワークシート

活動の大切な特質となります。表7-5は、学級活動の指導案の展開部分です。

3. 児童（生徒）会活動

児童（生徒）会活動は、全児童（全生徒）が協力して学校生活の充実・向上を目指す自発的、自治的な活動です。また、学校の一員としての自覚を深め、**所属感**や**連帯感**を培い、社会性の発達を図る活動です。異年齢の自治的な、しかも、児童（生徒）にとっては、学校生活でもっとも大きな集団の組織的な活動であり、公民としての資質を培う場です。児童（生徒）会活動の指導に際しては、教師の適切な指導が必要であることは言うまでもありませんが、教師が一方的に議題を与え、設定した結論に導くことなく、児童生徒にとっての自治的な範囲の問題を取り上げることが大切です。

4. クラブ活動（小学校）

クラブ活動は、学年や学級の所属を離れ、主として第4学年以上の児童が、共通の興味や関心を追求することによって、個性の伸長を図り、自主的、実践的な態度を育てる活動です。また、教師の適切な指導のもとに、計画、運営される自発的、自主的な活動です。その指導に際しては、学校の施設や設備、指導する教師等の制約もありますが、できるかぎり児童の希望に沿えるよう努力する必要があります。

5. 学校行事

学校行事は、日常の学習や経験の成果を総合的に発揮できる体験的な集団活動です。学校生活をより豊かにし、充実させ、集団生活での基本的行動様式を身につけさせることができます。そこで、行事を創意工夫するとともに精選し、ゆとりある体験的活動を、一層充実させることが望まれます。また、各教科、道徳、総合的な学習の時間などの指導との関連を図るとともに、家庭や地域との連携、社会教育施設等の活用の工夫も重要です。下記に主な学

校行事をあげておきます。
　①儀式的行事；入学式、卒業式、始業式、終業式、記念行事 等
　②文化的行事；文化祭（学芸会）、音楽会、展覧会、鑑賞会、講演会、学習発表会 等
　③健康安全・体育的行事；健康診断、交通安全指導、避難訓練、運動会（体育祭）、球技大会、競技会、耐寒訓練、マラソン大会 等
　④遠足（旅行）・集団宿泊的行事；遠足、林間（臨海）学校、修学旅行、野外活動、集団宿泊 等
　⑤勤労生産・奉仕的活動；ボランティア活動、飼育栽培、校内外美化活動、勤労・奉仕体験、職場見学、地域奉仕、職場体験学習 等

　特別活動では、学校や児童生徒の実態に応じて、自主的、実践的な態度を育てるとともに、自己の生き方についての考えを深め、自己を生かす能力を養うことが求められます。

（小柴　孝子）

【引用・参考文献】
千葉県中学校長会（2009）．中学生の新しい道2年　日刊企画
文部科学省（2011）．生徒指導提要　教育図書
文部科学省（2008）．小学校学習指導要領総則解説編
文部科学省（2008）．中学校学習指導要領総則解説編
文部科学省（2009）．高等学校学習指導要領総則解説編

学びを深める図書

諸富祥彦・植草伸之・齊藤優編著（2012）．とびっきりの授業であなたも道徳達人の仲間入り1　自己を語る仲間との絆を深める　明治図書
荒木紀幸編著（1997）．続 道徳教育はこうすればおもしろい　コールバーグ理論の発展とモラルジレンマ授業　北大路書房

【第2学年○組　道徳学習指導案】

1. **主題名**　　勇気ある行動　　4－(3) 正義、公正・公平
2. **資料名**　　『プロフ』出典　中学生の新しい道2　千葉県中学校長会
3. **主題設定の理由**

（1）ねらいについて（→ねらいとする価値）

　（略）ネット上の「掲示板」や「SNS」「プロフィールサイト」を利用することにより、以前より手軽に幅広くみずからの情報を発信できるようになった。しかし、情報機器を扱うにあたって適切な利用方法や態度を身につけていないことから、トラブルに巻き込まれるという事態も問題になっている。（→情報化社会の変化の現状。その問題点）（略）これからの道徳時間においては、情報モラルに関する指導についても十分配慮していく必要（ねらい→情報モラルの指導の必要性）がある。内容項目4－(3)は「正義を重んじ、誰に対しても公正、公平にし、差別や偏見のない社会の実現に努める。」ことをねらいとしている。（→4－(3) ねらい→正義）お互いの顔が見えず、文字によるコミュニケーションが主となるネット上では、ともすると現実社会では許されないような言動に発展してしまいがちである。そこで起こりうる問題について考えることで、ルールやマナー（エチケット）、メディア・リテラシー（情報を評価・識別する能力）の基本的な考えにふれるとともに、みずからの感情を抑制するために正義の心をもち、公正、公平な理想の社会の実現を目指そうとする態度や心構えを養う。（→指導のねらい）

（2）生徒の実態（→何が問題（課題）なのか）

　アンケート調査（Q1携帯電話をもっているか。Q2情報機器を利用して行ったものは何か。Q3情報機器を利用する時のルール。Q4情報機器を利用しているなかでのトラブル体験。）アンケートの結果から、ほとんどの生徒が自分の携帯電話を所有している（84%）。「メールのやり取り」「チャット機能の利用」「音楽や動画の視聴」など、情報機器が生徒のあいだで普及している。携帯電話やパソコンを利用する際に、自分あるいは家庭でルールが決められている生徒は約半数程度。「自主規制」のレベルで行っている生徒が多いようである。正しい規範意識を身につけさせ、自分で適切な情報を取捨選択することができるように指導していく必要がある。実際にネット上のトラブルに遭遇したことがあるかでは、中学生でありながらすでにこういった事態を体験している生徒が数名存在している。（→問題点）生徒にとっては、まずトラブルに遭わないようにすることが何よりも大切である。

（3）資料について（→資料の概要、資料のもつ価値）

　資料では、リサがクラスで話題となったみきのプロフに悪口を書きこみ、それを発端としたトラブルに直面しながら、「人としての正しさ」について考えていく。（中略）人と人とが信頼しあい互いに正しいと思う言動をとることの大切さを理解させたい。これによって差別のない理想の社会の実現に向けてみずからが取り組もうとする意識を高めることをねらいとしている。（→ねらい→正義）

（4）指導の手立て（→手立て①電子黒板の活用、手立て②書かせてから発表、手立て③個別指導、手立て④イラスト、手立て⑤当事者視点、手立て⑥ふり返り）

　①電子黒板を活用。ワークシートを用い、②自分の考えを書き起こしてから、発表する。書けない生徒については、③机間巡視で個別に対応する。登場人物の気持ちを読み取るために、④黒板にイラストを掲示する。⑤登場人物の気持ちになって考えさせることで、「当事者視点」

で物事をとらえる。また授業の最後には、⑥自己評価を兼ねた振り返りで、自分の価値観の変容を見つめる。

4．本時の指導

(1) ねらい

ネット上のみずからの言動が①相手に与える影響について気づき、②ルールを守って正しく振る舞うとともに、③正義感のある行動をとろうとする道徳的実践態度を身につける。(→本時のねらいの評価①②③)

(2) 展開

過程目標 （時配）	学習内容と活動 （予想される生徒の反応）	形態	指導上の留意点 （○支援 ☆評価 □研究）
アンケート結果や記事を見て、気づいたことを述べることができる。(5)	○電子黒板に映った「質問2と4」のアンケート結果を見て、感じたことを述べる。 ○携帯電話やインターネットの利用が原因となった事件に触れる。 ○電子黒板に映った資料の冒頭シーンを見て、「自分ならどんな書き込みをするか」を考える。	一斉 個 一斉 個	・電子黒板に必要な情報を投影する　電子黒板の活用　手立て① ・自由に発表させる ・自分たちにとても身近なことであることを伝え、関心を高める。 ・ワークシートを配布し、自分の考えを記入してから発表させる。 個→全体活動　手立て②
「書き込み」を記入することができる。(5)	○登場人物について確認する。 ○資料をP107・L28まで読み、発問①・②に答える。	一斉	・電子黒板を用いて人物紹介をする。　手立て④ ・教師が範読する。 ・発問を電子黒板で提示する。
リサの心情を考え、発表することができる。(30)	○ワークシートに書き込んだことを発問①～③ごとに役になりきって発表する。 問①みきのサイトに書き込みをしたときのリサの気持ち ・みきのことがうらやましい。 ・生意気だ。調子に乗ってる。 ・ちょっと意地悪をしてやろう 問②智子たちに責められた時のリサの気持ち ・私だけのせいじゃない。 ・私と同じ気持ちの人もいる。 ・ちょっとやりすぎたかな… ○資料を最後まで読み、発問3に答える。 問③智子の書き込みを見たリサの気持ち ・自分は間違ったことをしていた。 ・智子の態度や行動はすばらしい。 ・私も堂々とした自分をもちたい。	〈ワークシート〉 個 〈発表〉 一斉	・机間巡視で個別支援をする。　手立て③ ○登場人物の気持ちになって書くように促す。 登場人物の視点で考える　手立て⑤ ○うまく考えをまとめられない生徒に、考え方の視点を与える。 ・ねたみやうらやましさから人を攻撃してしまう心情に注目させる。　本時のねらいの評価① ☆各発問について、登場人物の心情を考えて自分の考えを発表することができたか（観察・ワークシート） ○強気のなかにもまずいと思っているリサに気づかせる。 ・プロフの炎上についてふれ、ワークシートに記入した自分の書き込みが、炎上の原因となるものではなかったかあらためて見直させる。 ○資料からさまざまな感情を読み取ることができるように支援する。 ○智子の行動のどの点がよかったのかに目を向けさせる。　本時のねらいの評価③
感想を書き、自分に置き換えて考えることができる。(10)	○リサはみきの家に行くかを考える ・行く　　・行かない ○感想を記入して、発表する。 ○「質問3」のアンケート結果を見る。 ・友だちの携帯やネットの使用上のルールについて知る。	個 一斉	☆感想を書くことができたか。考え方の変容の自覚化ができたか　手立て⑥ ・ルールの必要性を再認識させる。　本時のねらいの評価②

第3節　特別活動の指導について

コラム：当たり前のことを当たり前に

　新入生を迎え、「"当たり前のことを当たり前にできる生徒"を育てよう」と学年の先生方で話し合いました。当たり前のことが当たり前にできない生徒が増えているという想いが先生方にあったからです。

　とくに、対人関係においては「相手の顔を見て話す」「嫌なときはイヤと言う」などの基本的なことができない、または苦手だと考えている生徒が増えていて、なんらかの系統だった心理教育が必要だと考えていました。

　5月の連休明けの休み時間、周囲と話すこともなくポツンと携帯をいじっている生徒に話を聞くと「高校ではなんとか友だちを作りたいと思ったけど、うまくできなくて……」と、小・中学校でのいじめ被害の体験も併せて話してくれました。また、別の生徒は「自分は性格が暗いので……」とあきらめを口にしました。

　そんな時、「関係作りが下手なのは性格ではなく、スキルが足りないだけだよ。練習すればうまくなるよ」と伝えると俯いていた生徒の顔が上がります。友だちを作りたいと思っても具体的な方法がわからず、自分を責めて悩んでいたということがヒシヒシと伝わってきました。

　地域性も希薄で友人も少ない高校への移行は、教員が考える以上に生徒にとっては高いハードルなのです。

　そこで平成25年度から千葉県の高校1年生を対象に35時間道徳の授業が導入されるのを機に、生徒が相互尊重意識を育むための具体的取り組みとして、年間計画のなかに5時間のソーシャルスキルトレーニングを取り入れることにしました。

　具体的なターゲットスキルは生徒の実態を考慮し以下のものとしました。

> ①ソーシャルスキル概論　②話すスキル　③聴くスキル
> ④感情のコントロールのスキル　　⑤共感のスキル

　実施後の振り返りシートには生徒からの前向きな声が多数寄せられました。

* 「初対面の人と話すのは苦手で、自分の性格のせいだと思って悩んでいたけれど、原因はスキル不足で練習すれば克服できることがわかり安心しました。これからの学校生活が少し楽しみになりました。」
* 「中学の時に怒りを言葉にしてしまい、友だちと喧嘩してしまったことがあります。あの時、感情のコントロールを学んでいたら、友だちも私も傷つくことはなかったんだろうなぁと思うと悔しいです。同じ後悔をしないためにも自分に合う対処法を見つけていきたいと思います。」
* 「いじめは見ていたこともやったこともあります。今は心を入れ替えていますが、あの頃の自分に教えてあげたいですね。これからは携帯をいじりながら話すのではなく、いろいろなスキルを意識して会話します。」

　学年の先生方と試行錯誤しながら始まった取り組みですが、その結果、生徒ばかりでなく先生方のあいだにも「嬉しかったことや困ったこと」などを安心して伝えあえる良好な関係が生まれてきました。

　生徒にとって安心安全な学校とは教員にとっても安心して働ける職場なのだと実感しています。

（矢代　幸子）

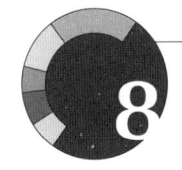

生徒理解

8 子どもの発達の理解

　子どもの発達を理解することは、教育を行う上で非常に重要です。それは、現在の状態だけで子どもを見るのではなく、今に至るまでのプロセスや将来の変化の予測もふまえて、子どもと関わる必要があるためです。一般的な発達の様相とともに発達の個人差も念頭に置き、子どもの理解を深めていきましょう。

第1節　思春期・青年期の特性

　思春期・青年期は、身体的・心理的に大きく変化する時期です。身体的には、**第2次性徴**が生じ、発毛や変声、胸部の発達など、大人の体へと変化していきます。また、心理的には、親からの心理的自立への試みや、他者から見た時の自分の姿への意識（公的自己意識）の高まりが見られます。このようななかで、「自分とは何か」「自分には何ができるか」といったアイデンティティを模索・確立していくことが、思春期・青年期の大きな課題となります。

第2節　発達課題

　発達課題とは、発達の各段階で十分に習得しておくことが望ましいとされる課題のことです。**エリクソン**（Erikson, E. H.）は、人生を8つのステージに分け、それぞれのステージにおける心理・社会的課題と危機を示しています（表8-1）。エリクソンの理論の特徴のひとつは、「課題」と「危機」が対としてあらわされている点です。危機を抱えながらも、それをいかに乗り越えて課題を達成していくのか（あるいは、危機を乗り越えないのか）によって、その後の発達が特徴づけられると考えられています。

　エリクソンは、思春期・青年期の心理・社会的課題と危機として、「アイデンティティ（自我同一性）　対　アイデンティティ拡散（同一性拡散）」をあげています。**アイデンティティ**（自

表8-1　エリクソンの自我発達　(Erikson, 1959/1973；桜井, 2004)

ステージ	発達段階	年齢	発達課題	心理的危機
1	乳児期	0～1.5歳	基本的信頼感	不信
2	幼児期	1.5～4歳	自律性	恥、疑い
3	就学前期	4～5歳	自主性	罪悪感
4	学童期	6歳～思春期	勤勉性	劣等感
5	青年期		自我同一性	同一性拡散
6	成人初期		親密性	孤独
7	成人期		生殖性	停滞
8	成熟期		自我の統合	絶望

表8-2　アイデンティティ拡散の様相 (Erikson, 1959/1973)

時間の拡散	時間感覚、自己の年齢感覚の麻痺。時間が変化を与えてくれることへの不信。過去の自分と現在の自分が結びつかない、あるいは、現在が未来につながっているというような、時間の流れに結びつけられない。
対人距離の失調	異性との急な接近や親密な交際によって、自己を見失ってしまう。相手との心理的な距離がうまくとれない。異性への恋愛感情が熱烈になったかと思うと急速に冷めてしまう。
否定的アイデンティティの選択	社会、親、大人などが示す既成の価値やイデオロギーに照らしてみると、それらに対し真っ向から反対する価値観やイデオロギーを選択し、受け入れ、同一化する。
労働麻痺	自己の能力に対する不信。取り組む必要がある課題に集中できないこと。あるいは、自己破壊的に1つのことに没入すること。
選択の回避と麻痺	自己の役割や地位を確定するような選択を避けようとする。あるいは、そうした選択がまったくできない状態。

我同一性）とは、①内的な不変性、②連続性、③帰属性の3つを満たす自分意識の総体のことです。内的な不変性とは、「私は他の誰とも違う自分自身であり、私はひとりしかいない」という感覚です。また、連続性とは、「今までの私もずっと私であり、今の私も、これからの私も、ずっと私であり続ける」という感覚です。そして、帰属性とは、自分がなんらかの社会集団に所属し、その集団に一体感を感じるとともに、仲間からも一員であると認められていることです。

　思春期・青年期には、このアイデンティティを獲得していくことが重要な課題となります。アイデンティティを獲得し、納得してその方向へと向かっている状態を**アイデンティティ達成**と言います。もちろん、アイデンティティ達成は容易なことではなく、思春期・青年期の子どもは、「自分」という存在をめぐって悩んだり迷ったりします（**アイデンティティ拡散**）（表8-2）。アイデンティティ拡散は、ネガティブなものととらえられがちですが、大人になる過程における試行錯誤の意味があると考えられ、子どもたちは、悩み迷いながら、自分らしさを発見し、自己の社会的役割や生き方を決定していくといえます。

第3節　認知的発達

　ピアジェ（Piajet, J.）は認知的能力の発達を四つの段階で示しています（表8-3）。ピアジェによれば、思春期・青年期は「**形式的操作期**」にあたります。この時期は、抽象的な物事（たとえば、「正義」「幸せ」など）について考えたり、仮説（「もし～ならば、○○だろう」）に基づいて論理的に考えるといったことが可能になります（表8-4）。ただし、これらの思考は領域に固有であると考えられており、たとえ思春期・青年期であったとしても、自分になじみのない分野に関しては形式的操作ができないこともあります。

表8-3 ピアジェによる認知的能力の発達

～1, 2歳	感覚-運動期	直接的な動作によって外界と関わり適応していく段階。触る、叩くなど、対象に対する直接的な働きかけが繰り返されるなかで、自分の身体の感覚や運動によって直接もたらされる認識は、次第に心のなかでのイメージ（心的表象）へと育っていく。
2～6歳	前操作期	目の前に存在しない対象や事象を頭のなかにイメージとして思い浮かべられるようになり（表象作用）、言語の組織的習得が始まる段階。自己の視点と他者の視点の区別ができなかったり（自己中心性）、「みかけ」に大きく左右されてしまう（保存の認識の困難）などの特徴が見られる。
6～11歳	具体的操作期	領域に固有的で、目の前に具体的対象物がある場合に限られるが、「みかけ」に左右されることなく2つ以上の次元を同時に考慮しながらの心的操作が可能になる段階。
11歳～	形式的操作期	仮説に基づいた論理的操作や、命題間の論理的関係についての理解が可能となる段階。現実の世界に対してだけではなく、可能性の世界についても論理的に思考できるようになる。

表8-4 形式的操作期における思考の特徴 (市川, 1990)

①仮説から理論的に推論して、結果を導き出せる
②どのような仮説が可能かを組織的に探索できる
③理論的に推論して、どの仮説が正しいか判断できる
④変数間の関数関係がわかる
⑤いくつかの変数の値を統制して、ある変数の効果を調べることができる
⑥事象の可能な組み合わせを組織的に列挙できる
⑦ある傾向に合致する事例と合致しない事例を知って、相関関係を把握することができる
⑧現象の確率的性質を認識できる

第4節　人間関係の発達

1. 親子関係の発達

　ボウルビィ（Bowlby, J.）は、親子のあいだで形成される特別な情緒的結びつきを**愛着**（アタッチメント）と呼びました。生まれたばかりの乳児は、人間全般に愛着行動を示しますが、その後、特定の他者（とくに母親）に愛着行動を示す段階を経て、愛着対象が実際に目の前にいなくても、心のなかに想起することで安心して行動できるようになります。親との温かな関係を通じて、子どもは自分と他者に対する信頼感を育んでいきます。このことは、他者と積極的に関わったり温かな対人関係を形成したりする上で重要であると言えます。

　さて、思春期・青年期には親子関係が大きく変化します。児童期の子どもは親を頼ったり手本にしたりしていますが、思春期には親を批判的に見るようになる（**第2反抗期**）など、親子間の葛藤が多くなります。このように、親子関係は、それまでの「大人と子どもの関係」から「大人として認めあう関係」へと移行していきます。ただし、この移行は容易ではあり

ません。子どもたちは、親への反抗と依存（甘え）のあいだを揺れ動きながら、心理的な自立を果たしていきます（**心理的離乳**）。青年期から成人期に入る頃には、「親もまた一人の人間である」と考えられるようになり、一対一の人間関係として両親との絆を深めていきます。その後、親のモラルや価値観などを超越した本来の自分らしい生き方を確立していくこととなりますが、これは非常に困難であると考えられています（西平，1990）。

2．仲間・友人関係の発達

　仲間とのかかわりは乳児期にも見られますが、それが急増するのは幼児期以降です。幼児期には、幼稚園や保育園への入園をきっかけに、それまでの保護者を中心とした対人関係が、仲間を含めた対人関係へと広がっていきます。小学校で過ごす時間が増える児童期になると、仲間の重要性はさらに増していきます。小学校低学年頃には、空間的な近さ（「家が近い」「同じクラス」等）が仲間を選択する際の重要な要素となりますが、高学年になると、興味や関心の類似性が重視されるようになります。

　保坂（1996）は、児童期後期から青年期にかけての仲間関係の発達を検討しています（表8－5）。思春期・青年期は、チャム・グループやピア・グループを形成する時期です。しかし、スケープゴートを作ることで集団を維持したり、互いの違いを認められずに成熟した仲間集団を形成できない等、仲間関係をめぐるトラブルは少なくありません。

　身体的・心理的な変化が大きい思春期・青年期において、友人の存在は子どもの心の大きな支えとなります。友人は、大人への移行に伴う不安や緊張を和らげたり共有したりする大切な存在であるため、この時期の子どもは、友人への傾倒が強くなります。一方、傷つくことを恐れて本音を隠して友人とつきあったり、仲間集団の雰囲気を悪くする話題やふるまいを回避するといった友人関係も見られます。落合・佐藤（1996）は、思春期・青年期の友人

表8－5　仲間関係の発達（保坂，1996）

ギャング・グループ	児童期後期の小学校高学年頃にみられる仲間集団。基本的に同性の成員から構成される集団で、男児に特徴的に見られる。同じ遊びをするといった同一行動を前提とし、その一体感が親密性をもたらす。権威に対する反抗性、他の集団に対する対抗性、異性集団に対する拒否性などが特徴である。
チャム・グループ	思春期前期の中学生にみられる仲間集団。基本的に同性の成員から構成される集団で、女児に特徴的にみられる。同じ興味・関心や部活動などを通じて結びついた集団で、互いの共通点・類似点をことばで確かめあうことがしばしば行われる。自分たちだけでしかわからないことばを作りだし、そのことばが分かるものが仲間であるという同一言語により集団の境界線を引くというのも特徴的である。
ピア・グループ	高校生ぐらいからみられる仲間集団。男女混合で、年齢に幅があることもある。ギャング・グループやチャム・グループとしての関係に加えて、互いの価値観や理想、将来の生き方などを語り合うような関係で結ばれている。共通点や類似性を確認しあうだけでなく、互いの異質性をぶつけ合い、自己と他者の違いを明らかにしながら、自分らしさを確立していくプロセスがみられる。異質性を認め合い、違いを乗り越えたところで自立した個人として互いを尊重し合って共存できる状態が生まれてくる。

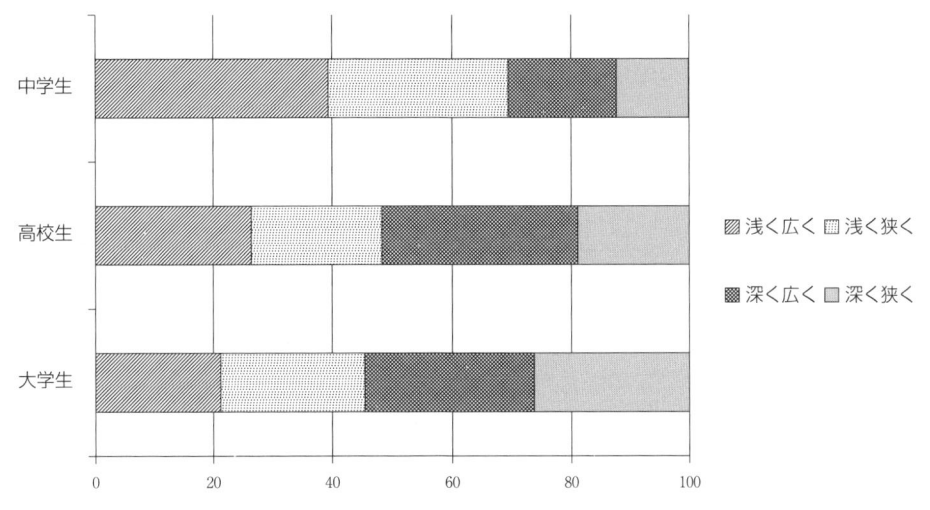

図8－1 友人とのつきあい方の発達的変化（落合・佐藤, 1996 より作成）

注）浅く広く関わるつきあい方：広い範囲の友人と，防衛的につきあう
　　深く広く関わるつきあい方：広い範囲の友人と，積極的に関与し深くつきあう
　　深く狭く関わるつきあい方：人を選択し限られた友人と，積極的に関与し深くつきあう
　　浅く狭く関わるつきあい方：人を選択し限られた友人と，防衛的につきあう

とのつきあい方の発達的変化を明らかにしています（図8－1）。中学生では「浅く広く関わるつきあい方」が多く見られますが、その後、「深く広く関わるつきあい方」を経て、「深く狭く関わるつきあい方」へと変化していきます。

（鈴木　みゆき）

ワークシート

表8－2は、思春期・青年期におけるアイデンティティの拡散の様相です。それぞれの様相は、子どものどのような態度（行動・考え・感情）に見られるでしょうか。教育実習をふり返り、具体的な例をあげて話しあいましょう。

アイデンティティの拡散	具体例
時間の拡散	
対人距離の失調	
否定的アイデンティティの選択	
労働麻痺	
選択の回避と麻痺	

第4節　人間関係の発達

【もっと深めよう！】

　教育実習をふり返り、現代の子どもの友人関係の特徴について話しあいましょう。「空気を読むことの重要性」「ノリの重視」「一人ぼっちと思われることへの恐怖」「SNSの利用」など、さまざまな観点から考えてみましょう。

【引用・参考文献】

Erikson, E. H.（1959）. *Identity and Life cycle.*（小此木啓吾（訳編）（1973）. 自我同一性――アイデンティティとライフ・サイクル　誠信書房）

保坂　亨（1996）. 子どもの仲間関係が育む親密さ――仲間関係における親密さといじめ　現代のエスプリ, 353, 43-51.

市川伸一（1990）. 青年の知的発達　武藤　隆・高橋惠子・田島信元（編）　発達心理学入門Ⅱ：青年・成人・老人　東京大学出版会

西平直喜（1990）. 成人になること　東京大学出版会

落合良行・佐藤有耕　1996　青年期における友達とのつきあい方の発達的変化　教育心理学研究, 44, 55-65.

桜井登世子（2004）. パーソナリティを理解する　桜井茂男（編）　楽しく学べる最新教育心理学――教職に関わるすべての人に　図書文化社

学びを深める図書

金子智栄子（編著）（2006）. 子どもの発達理解とカウンセリング　樹村房

岡村一成・浮谷秀一（編）（2000）. 青年心理学トゥデイ　福村出版

櫻井茂男（編）（2010）. 楽しく学べる最新発達心理学――乳幼児から中学生までの心と体の育ち　図書文化社

コラム：保健室の効果的利用

　例年4月に、入学した1年生を対象に「保健室の利用の仕方」を話します。「小学校と異なり教科担任制なので授業担当の先生に許可を取って来室すること」など保健室を使用するルールと「できれば保健室はどこにあったのというくらい怪我もせず、具合も悪くならず、心がまっすぐに前を向いて元気に中学校3年間を過ごしてほしいと願っています」といったメッセージを伝えます。

　実は、保健室に来室する生徒で、本当に怪我をして病院へ行く、病気で早退するといった生徒の割合は少ないのです。来室者の大多数は頻回来室者で、1日に何度も来室しては、「学校が嫌だ」「元彼にこんなこと言われた」「勉強ができないから行く学校がない」などといった話をしに来たいだけなのです。そして、授業に遅れる、あるいはさぼるのだけれども、給食や昼休みになると元気に過ごし、また保健室へ戻ってくるというパターンが見られます。「さっきはあんなに元気だったのに……」と思わず言いたくなる気持ちを抑え、そんな時こそ、生徒の話をじっくりと聞くように心がけています。

　どこの学校でも、対人関係や学力不振など生徒指導上の問題や課題を抱える生徒がいて、保健室の頻回来室者とこれらの生徒は一致する傾向にあると考えられます。やらないといけないことはわかっている、けれども誘惑に負けて遊んでしまう。そして、自己嫌悪に陥りますますイライラした感情が募り、暴言を吐く。本人はまったく緊張していないというのですが、そのような時には「実はとても緊張していないかな……」など、生徒の態度を伝え返し、気持ちを代弁します。どの生徒にも共通していえることは、心が感じていることを頭で理解できずに身体や態度で表現してしまうということです。中学生という時期は、自分に自信がなくなり、また自分でも自分のことがわからなくなりがちです。本当は痛いわけではないけれど、「お腹が痛い」「気持ち悪い」「だるい」など身体のシグナルによって保健室を訪ねてきます。

　そのような生徒がいた場合、養護教諭は積極的にその生徒の担任に「先生のクラスの○○さんが、今、調子が悪くて保健室にいます。もしよければ保健室に様子を見に来てください」など一声かけてみてください。教員は保健室を利用する生徒に「どうしたの」「具合はどう」、養護教諭に「生徒の様子はどうですか」といった声をかけてみてください。そして、保護者にも「最近、保健室へ来ることが多いのですが、家での様子はどうですか？」と学校での状況を伝えつつ家での様子を聴いてもらえるようお願いをしてみてください。生徒と保護者は、保健室の連絡よりも、担任の先生からの連絡を待っています。その思いはわれわれ教員が思う以上にとても強く、教員の対応は、生徒と保護者に「クラスの生徒の一人として大事にしている」といった気持ちが伝わります。養護教諭だけが生徒の家に電話した場合、状況によっては「養護教諭から連絡があったのに担任からは何もない」と担任が連絡を怠ったという誤解を招きかねません。養護教諭が10回連絡しても担任の1回にはかないません。結局のところ、生徒と保護者は担任が大好きなのです。教員は保健室との連絡・連携を密にしながら、生徒と保護者への声かけを意識的に行い、話を最後まで耳を傾けて聴くことがとても重要になってくると思います。

（吉野　伸子）

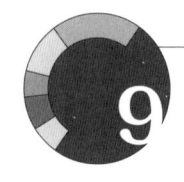

生徒理解
9 生徒指導と教育相談

第1節　生徒指導とは

　時代の変化に即した問題に対応するために、**生徒指導提要**（2010年3月：文部科学省）が約30年ぶりに改訂されました。この生徒指導提要では、生徒指導の意義を次のように定義しています。

>　「生徒指導とは、一人一人の児童生徒の人格を尊重し、個性の伸長を図りながら、社会的資質や行動力を高めることを目指して行われる教育活動のことです。
>　（中略）各学校においては、生徒指導が、教育課程の内外において一人一人の児童生徒の健全な成長を促し、児童生徒自ら現在及び将来における自己実現を図っていくための自己指導能力の育成を目指すという生徒指導の積極的な意義を踏まえ、学校の教育活動全体を通じ、その一層の充実を図っていくことが必要です。」

　今回の改訂では、小学校段階における生徒指導や学校種間の連携について取り上げ、複雑

表9−1　生徒指導の全体計画の例（一部抜粋）

【教科指導】
- 各教科・領域に於いて主体的に学習活動を行う生徒の育成
- 生徒の興味関心を喚起する学習教材・内容の工夫
- 自己決定の場の設定及び活動

【特別活動】
- 望ましい人間関係を育成し、生徒一人ひとりの自主的・実践的な態度を育成する
- 望ましい集団活動の育成
- 心身の調和のとれた発達と個性の伸長
- 集団の中で自己を正しく生かし、人間としての生き方を学ばせる指導

【学級活動】
- 学級における諸問題を共同で解決し、役割分担をし、協力し合うことを通して豊かな人間関係を築く
- 一人ひとりの個性の伸長を目指し、多様な問題解決を通して自己実現を図る。
- 自己について知り、特性を理解するとともに、将来についての展望を持たせる。

【生徒指導目標】
望ましい生活習慣を身につけさせるとともに、自ら考え、自律的な学校生活ができる生徒を育成する

【生徒指導の重点】
- 生徒に対する支援と肯定的評価を行い、生徒が意欲的・積極的に学校生活を送るように取り組む
- 生徒会活動など自治活動を活性化し、リーダーの育成に努めるとともに、生徒の自主性を育てる
- 生徒の問題行動には、教職員が共通認識をもって迅速に対処する
- 保護者や地域・関係諸機関との連携を深める

【生徒指導の努力点】
- 基本的生活習慣の確立
- 教育相談体制の確立と充実
- 不登校生徒の減少
- 教科指導充実
- 特別活動の充実
- 道徳的実践力の育成
- 学校環境の整備
- 家庭・地域・保護者との密接な連携の推進
- 生徒指導部の機能化と連携の強化

【清掃活動】　【部活動】

【道徳教育】
- 思いやりの心と互いに認め合おうとする態度の育成
- 自主自立の精神に基づき、自分の行動に責任を持たせた生活態度の育成
- 生命尊重の精神と健全で安全な生活態度の育成

【教育相談】
- 不登校生徒に対する組織的な対応と適切な指導援助の実施
- 教育相談活動の充実
- 教師個々の教育相談に関する技量を高め、信頼関係に基づいた日常の教育相談活動の充実

【進路指導】

表9－2　生徒指導体制の例

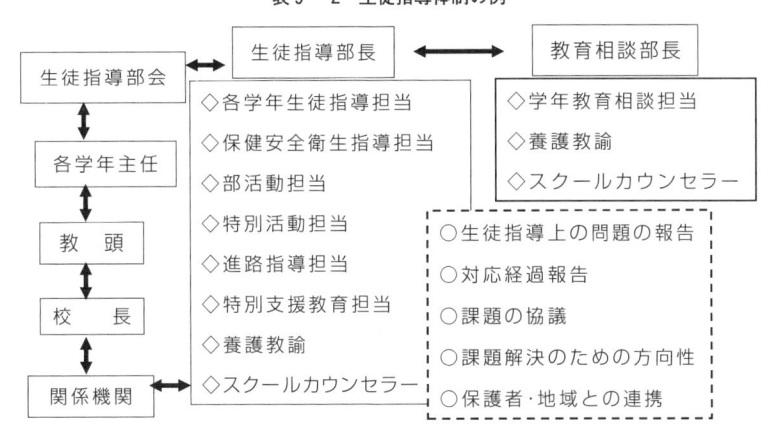

```
生徒指導部会 ──→ 生徒指導部長 ←──→ 教育相談部長
    ↕              ◇各学年生徒指導担当      ◇学年教育相談担当
  各学年主任         ◇保健安全衛生指導担当    ◇養護教諭
    ↕              ◇部活動担当             ◇スクールカウンセラー
   教　頭           ◇特別活動担当
    ↕              ◇進路指導担当           ○生徒指導上の問題の報告
   校　長           ◇特別支援教育担当        ○対応経過報告
    ↕              ◇養護教諭               ○課題の協議
  関係機関          ◇スクールカウンセラー     ○課題解決のための方向性
                                           ○保護者・地域との連携
```

化・多様化する児童生徒をめぐる課題について、児童生徒の全人格的な発達を援助するという積極的な生徒指導の転換がなされています。生徒指導は、学校教育目標を達成するための教科領域や特別活動の領域など、学校教育活動のあらゆる場における重要な機能として、生徒指導全体計画（表9－1）・年間計画の作成のもとに、学校の教育活動全体を通じて行われるものです。

　また、生徒指導では、生徒指導体制のあり方（表9－2）、家庭・地域・関係機関との連携のあり方などについてのシステムを構築することも重要です。

　そのため、生徒指導の充実を図るには、教師一人ひとりが生徒指導についての正しい理論と技能を身につけるとともに、学校をあげて取り組むための生徒指導体制づくりが大切です。そして、それぞれの立場と役割を理解し、協力して実践しなければなりません。

第2節　教育相談とは

　生徒指導提要では、教育相談の意義を次のように示しています。

　中学校学習指導要領解説（特別活動編）によれば、「教育相談は、一人一人の生徒の教育上の問題について、本人又はその親などに、その望ましい在り方を助言することである。その方法としては、1対1の相談活動に限定することなく、すべての教師が生徒に接するあらゆる機会をとらえ、あらゆる教育活動の実践の中に生かし、教育相談的な配慮をすることが大切である。」とされています。

　生徒指導提要では、教育相談が1対1の相談活動だけでなく、「すべての教師」「あらゆる機会」「あらゆる教育活動」と視点が広くなり、生徒指導の「学校の教育活動全体」の領域と重なります。すべての児童生徒を対象にして、積極的な生徒指導、**予防的・開発的な教育相談**が行われることが今日的課題です。また、生徒指導は、児童生徒の問題行動に対する指導や、学校・学級の集団全体の安全を守るために管理や指導を行う役割があります。それに対して、教育相談は、問題や課題を抱えた児童生徒に対して問題や課題の背景は何か、問題がどこにあるのか、今後どのように行動すべきかを考え、行動につなげるような**心理・教育**

的な援助を行う役割を担います。

　最近、問題行動・非行、いじめや不登校、自殺など生徒指導上の諸問題が一層多様化してきています。これらの問題は、学校・家庭・社会のもつさまざまな要因が複雑に絡み合って起こると考えられています。しかし、その背景には人間関係づくりが苦手な児童生徒が増加しているのではないかという指摘もあります。集団生活を通して人間関係づくりがなされ、社会性や自立心の発達を援助する日常的な教師の活動が求められています。

第3節　生徒指導と教育相談の目指すもの

1. すべての児童生徒への指導・援助（一次的援助）

（1）学級集団づくり

　児童生徒の成長・発達を促すためには、生徒指導の機能や教育相談の技法を生かした学級集団づくりが重要になります。教師は、学習する、遊ぶ、運動するなど、できるだけ多くの時間を児童生徒と共有します。その時間の共有から、児童生徒の良さを見つけ、理解を深めることができます。児童生徒が「私たちの学級が学校中で一番」と自覚するような学級集団づくりは、積極的な生徒指導です。個性の違いが尊重され、各々の特性やよさが認められ、教師と児童生徒の信頼関係が構築できているクラスでは、いじめ・不登校・学級崩壊などの問題は発生しにくく、教室が安全で安心できる場となります。

（2）わかる授業づくり

　児童生徒の問題行動の背景に、学業上の不適応が大きな比重を占めていることがあります。授業で教科の内容を指導するだけでなく、教科等の指導を通して、児童生徒が学ぶ意欲をもち、満足感や成就感を抱きつつ自己実現を目指すように指導を展開することが大切です。生徒指導の機能を生かし、わかる授業づくりのための留意点は、①学習のねらいや課題を明確にする。②見通しをもたせ、さまざまな活動をさせる。③アイデアや発想を発揮させるとともに、自分の考えを発表させたり、説明させたりする。④コミュニケーション活動を通して練り上げるようにするなどです。

（3）リレーションの形成

　生徒指導、教育相談が成立するためには、児童生徒と教師とが信頼で結ばれた関係にあることが不可欠な要素となります。そのためにまず、学校生活のあらゆる場面において、一人ひとりかけがえのない存在であるという視点で児童生徒とふれあうことです。教師は時として、自分自身の価値観に照らして児童生徒を理解してしまう危険性をもっています。**カウンセリングマインド**を用いたかかわりで、目の前にいる児童生徒の感情や情緒を大切にし、ありのままに肯定的に受容しましょう。また、児童生徒や保護者との**リレーション**を育てる技法として、**構成的グループエンカウンター、ソーシャルスキルトレーニング、ピアグループ**など

があります。集団（学校全体、学級、少人数）、あるいは個人を対象とした働きかけなど、さまざまな介入の方法があり、状況や発達を考慮した対応が求められます。

2．一人ひとりの児童生徒への指導・援助（二次的援助，三次的援助）

児童生徒が抱える問題としては、**学校不適応**（不登校やいじめなど）、**問題行動**（校内暴力や非行など）、**発達障害**（LD・ADHD・自閉症スペクトラムなど）があげられます。これらの問題や課題の背景や特性を十分に理解し、管理職、生徒指導担当、学級担任、養護教諭、スクールカウンセラーなどで校内支援体制を作り、チームで支援をすることが大切です。思春期以降には**精神疾患**（うつ病、パニック障害、摂食障害など）が見られることもあります。このような場合は、スクールカウンセラーから**コンサルテーション**を受け、保護者とも相談をして、早急に外部機関などと協働で支援することが必要です。

（1）不登校支援

文部科学省は、不登校を「年間30日以上欠席した児童生徒のうち、病気や経済的な理由を除き、何らかの心理的、情緒的、身体的、あるいは社会的要因・背景により、児童生徒が登校しないあるいはしたくともできない状況にある者」と定義しています。

その不登校の解消のためには、将来的な社会的自立に向けて具体的な取り組みが必要となります。

①児童生徒の傷つきを癒す支援

対人関係をめぐる問題は、不登校のきっかけとして大きな要因です。不登校中に児童生徒が感じる「焦りや不安」も対人関係に起因する感情と考えられます。たとえば、家からなかなか出ることができない児童生徒はこの感情が強くなり、「自分はだめな人間だ」と思いこむこともあります。丁寧なかかわりやさまざまな場面で「大丈夫」「このままのあなたでいいよ」のメッセージを伝え続けることが児童生徒の傷つきを癒すことにつながります。

②社会的自立に向けての支援

不登校の児童生徒の支援では、周囲の大人たちが、児童生徒の自分づくりを見守る、人との関わり方を育てる、これからの生き方を一緒に考えるなど、根気強く、適切な働きかけをすることが大切になります。個別カウンセリング以外に、グループ体験を通して個別対応をすることも効果的です。回復期には、キャンプやレクリエーションなど人と関わる体験を増やし、自信をつけることや人間関係の回復の機会を提供することも大事です。児童生徒の心を育てるためには、保護者を援助することも大切です。

③学校内外の組織づくり

児童生徒を支援する時、チームで対応することが重要です。校内で協力してチーム対応するために、援助チーム会議（教育相談・長欠対策委員会、適応会議など名称はさまざま）が開催されることもあります。援助チームにおけるスクールカウンセラーの役割は、収集された情報の分析に対するアドバイスなどです。学級担任、教育相談担当、養護教諭、スクールカウンセラーなどの間で連絡調整を行い、校内で解決が困難な場合は、教育センター、フリースクー

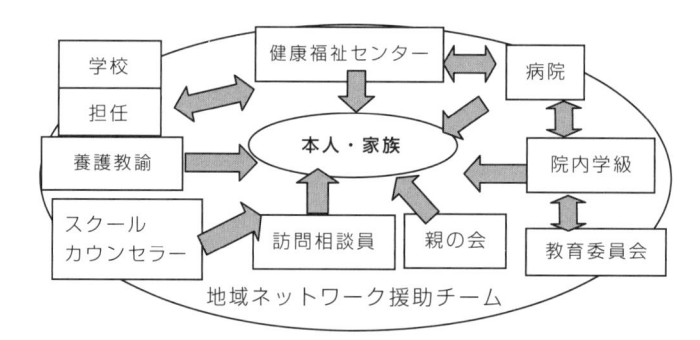

図9−1 摂食障害による不登校の地域ネットワーク援助チームの例

ルなど、関係機関との連携で援助します。また精神疾患を伴う場合は、医療機関との連携も必要です（図9−1）。

(2) いじめ問題

近年、いじめによって子どもが命を絶つという痛ましい事件が相次いでいます。このような状況を受け、**いじめ防止対策推進法**（平成25年法律第71号）が施行されました。

第1章総則（目的）
「いじめを受けた児童等の教育を受ける権利を著しく侵害し、その心身の健全な成長及び人格の形成に重大な影響を与えるのみならず、その生命又は身体に重大な危険を生じさせるおそれがあるものであることに鑑み、児童等の尊厳を保持するため、（中略）いじめの防止等のための対策を総合的かつ効果的に推進することを目的とする。」

最近では、インターネットを介したいじめも急速に青少年のあいだに広がっています。このタイプのいじめは、電子メール、携帯電話、PHS、ウェブサイトやオンラインなどの電子媒体を用いて、標的の相手に、屈辱感、恐怖感、無力感を与えるなどの特徴があります。このようなネットいじめは、今までのいじめと多くの点で異なり、その特徴をとらえた対応が求められます。

ネットいじめを含めたいじめ対応では、いじめはどの学校でも起こりうるものであるという認識のもとに、いじめの早期発見、早期対応および早期解決を目指し、市町村教育委員会や家庭と連携しながら解決に取り組む必要があります。

①いじめ予防のための取り組み

学校の教育活動全体を通じ、すべての児童生徒にいじめは決して許されるものでないことの理解を促す必要があります。また、人間関係づくりに関する**エクササイズ**（ソーシャルスキルトレーニング、ピアグループ）の技法を用いて、自他の良さに気づき認め合う取り組みが必要です。これは、児童生徒の人権意識を育てていくことにもつながります。さらに、教師には児童の心の痛みを「感じ取れる力」をもち、児童生徒の生活に目を配り、いじめを受けている児童生徒のサインを見逃さないようにすることが求められます。

②いじめへの対処

いじめがあることが確認された場合、学校はただちに、いじめを受けた児童生徒やいじめ

を知らせてきた児童生徒の安全を確保し、いじめたとされる児童生徒に対して事情を確認した上で適切に指導する等、組織的な対応を行うことが必要です。教師は、児童生徒の危機から逃げずに、しっかりと問題に向き合い、家庭や教育委員会への連絡・相談など、事案に応じて関係機関と連携します。問題の収束が解決であるという考えを改め、それを契機にいじめのない学校（学級）づくりに努めることが望まれます。

(3) 発達障害

　発達障害の可能性のある生徒が、障害特性によるつまずきや失敗がくり返され、学習や学校生活に対する苦手意識や挫折感が高まると、さまざまな身体症状や精神症状が出てしまう等、**二次的障害**として不適応状態がさらに悪化してしまう場合があります。二次的障害としての症状には、不登校や引きこもりなどの内在化した形で出る場合、暴力や家出、**反社会的行動**など外在化した形で表出される以外に、**うつ病**や**統合失調症**など心の病気にかかる場合もあります。そのため支援では、校内の相談体制をシステム化し、特別支援教育担当をはじめ、養護教諭、特別支援学級担任、生徒指導担当教員やスクールカウンセラーなどが役割分担するなかで、必要な情報を共有化して対応していくことが望まれます。各学校においては、たとえば、生徒指導上の問題を抱えている児童生徒、あるいは教師から見て「行動が気になる児童生徒」に対しては、発達障害の可能性を念頭に置いて、その特性に応じた指導・支援が行われなければなりません。発達障害の児童生徒が思春期を迎える中学校、高等学校においては、学習指導の場を含む学校生活のあらゆる場に「特別支援教育の視点」を取り入れ、発達障害と思春期の課題を考慮に入れた生徒指導を展開することが必要になります。

(4) 非行などの問題行動

　少年法では①14歳以上20歳未満の犯罪少年、②14歳未満の触法少年、③20歳未満のぐ犯少年の３つを非行少年としています。①は家庭裁判所で審判に付せられ、保護処分（保護観察）や中には刑事処分（少年院送致）を受けたり、**児童自立支援施設**などへの送致となったりします。ほとんどの事案が不処分または書類の送付のみの審判不開始になることが多いようです。また、②14歳未満は刑事責任を問うことができず、児童相談所に通告されますが、必要に応じて家庭裁判所に送られます。③は家出、深夜徘徊など犯罪行為ではないが、放置すれば犯罪行為に発展するおそれがあるものをいいます。

　非行の背景や対応では、家庭、学校、社会全体の問題として多面的にとらえ対策を講じ、自己評価が低い、不安や劣等感が高い、他者関係が不安定などの「心」の問題に目を向ける必要があります。問題行動への生徒指導は、次の通りです。

①教師と児童生徒との信頼関係を築き、すべての教育活動を通じてきめ細かな指導を行う。
　また、全教職員が積極的に教育相談やカウンセリングを行う。
②児童生徒の規範意識の醸成のため、全教職員がこれに基づき一致協力し、一貫した指導を
　粘り強く行う。
③問題行動のなかでも、とくに校内での傷害事件をはじめ、犯罪行為の可能性がある場合に

は、学校だけで抱え込むことなく、警察の協力を得て対応する。

　暴力行為を起こした児童生徒への指導については、毅然とした態度でくり返し粘り強い指導をすることが必要です。体罰根絶に向けた取り組みの徹底について（通知）（文部科学省，2013）にあるように、たとえ指導上の困難があったとしても、決して体罰によることなく、粘り強い指導や適切な懲戒を行い、児童生徒が安心して学べる環境を確保することが大切です。

（小柴　孝子）

【引用・参考文献】

石隈利紀（2002）．学校心理学——教師・スクールカウンセラー・保護者のチームによる心理教育的援助サービス　誠信書房
文部科学省（2011）．生徒指導提要　教育図書
河村茂雄（2008）．Q－U式学級づくり　中学校　図書文化
文部科学省（2007）．問題行動を起こす児童生徒に対する指導について（通知）
文部科学省（2011）．暴力行為のない学校づくりについて（報告書）

学びを深める図書およびDVD

会沢信彦・安齊順子（2010）．教師のたまごのための教育相談　北樹出版
赤坂真二著（2010）．先生のためのアドラー心理学　勇気づけの学級づくり　ほんの森出版
姉崎　弘（2006）．特別支援教育［第3版］——一人一人のニーズに応じた教育の現実を求めて　大学教育出版
上野一彦・梅津亜希子・服部美佳子編（2005）．軽度発達障害のアセスメント WISC－Ⅲの上手な利用と事例　日本文化科学社
LD・ADHD・高機能自閉症などへの理解と支援 VOL.1～5［DVD］　医学映像教育センター

コラム：教師とスクールカウンセラーの協働（コラボレーション）

　文部科学省は学校現場でのいじめの深刻化や不登校児童生徒の増加などへの対策のため、1995年から「心の専門家」としてスクールカウンセラー（以下SC）を派遣し、2006年には全公立中学校など（約10,000校）に配置を完了しています。SCは臨床心理学や発達心理学を学んだ臨床心理士などで、その専門的な知識と経験を活かして、児童生徒へのカウンセリングや教職員・保護者に対する助言・援助、校内研修、また学校危機事態での心のケアなどを行っています。勤務形態は週1回（4時間から8時間）程度の非常勤職員で、学校組織（校務分掌）のなかでは生徒指導または教育相談の担当者として位置づけられており、教師とともに「児童生徒の成長する力を引き出す心理教育的援助」の役割を担います。

　教育の専門家である教師と臨床心理の専門家であるSCがお互いの専門性を尊重しあいながら、児童生徒の問題低減や発達促進のために協力することを協働（コラボレーション）といいます。この場合、会議を経て援助チームが組まれ、それぞれの役割分担を明確にして児童生徒に関わりますが、個人の情報はチーム内の関係者だけで共有する「集団守秘義務」を原則とします。たとえば、SCが不登校の児童生徒を教師から紹介された場合、相談室で受容的に話を聴きながら信頼関係を作り、子どもの理解を深めて不登校の背景や子どもの実態をアセスメント（見立て）します。援助チームでこのアセスメントをもとに具体的な援助策を検討し、教師が本人や保護者と話しあって今後の方針を決めます。その結果、相談室登校や継続的なカウンセリングが必要とされる時は、SCが相談室を「安心できる居場所」として機能させ、専門的なカウンセリングを行います。教師も学習の支援をするなどその子どもと安定的な関係を保持しながら、最終的な目標に近づけるよう教育的配慮をします。

　この他にも、教師が特別な配慮を必要とする発達障害などの児童生徒の支援について相談しSCの専門的観点から助言を得る「コンサルテーション」という方法もあります。また、学校長が児童生徒を医療機関や児童相談所など外部の専門機関へつなげた方が良いと判断する場合も、SCの知識や人脈を活かして外部機関への橋渡し役を務めてもらうこともあります。さらに学校内の予防的支援として、児童生徒に教師とSCが一緒に「グループエンカウンター」や「ストレスマネジメント」などの心理教育を行うこともあります。

　このように、学校内でSCの役割が明確に位置づけられ、教師がその専門的な知識やアセスメント能力・カウンセリング技法などを十分に理解し活用することで教育相談機能の充実が図られます。そして、この教師とSCの協働は学校全体の児童生徒理解を深め、児童生徒の自己実現を促進する効果を高めることになります。

（小柴　孝子）

10 特別支援教育

生徒理解

　平成18年に学校教育法等が改正され、平成19年度より、従来の「盲学校、聾学校及び養護学校」は、複数の障害種に対応することのできる「特別支援学校」に転換されました。また同時に、幼稚園、小学校、中学校及び高等学校等においても、障害のある幼児児童生徒に対して、障害による学習上または生活上の困難を克服するための教育を行うことが規定されました。このことは、一つにはこれまで『障害に対する』対応という、ともすれば教える側の発想から、子どもの側に立ち、子どもの困り感に寄り添うというあり方が強く求められるようになってきたということです。もう一つは、これまでの『特別な教育は特別な場において行う』から、『どの場においても行われる』に変わったことを意味しています。この改正により、特別支援教育はどの教育現場でも展開され、さまざまな人が生き生きと活動できる共生社会の基礎づくりとして重要な意味をもつようになりました。

　平成25年、中央教育審議会初等中等教育分科会によって出された「共生社会の形成に向けたインクルーシブ教育システム構築のための特別支援教育の推進」では、共生社会を「誰もが相互に人格と個性を尊重し支え合い、人々の多様なあり方を相互に認めあえる全員参加型の社会」と規定した上で、その実現のためにインクルーシブ教育システム理念が必要とされ、構築のために特別支援教育が着実に進められることが求められています。ともに学ぶという理念を前提にして、子どものニーズを本人・保護者も含めた関係者で検討を重ね、ニーズに的確に応える指導を提供できる、多様で柔軟なしくみの整備が進められることになっていきます。

第1節　就学指導のあり方

　そのためにまず就学においても、就学基準に該当する障害のある子どもは、特別支援学校に原則就学するという決定方法を改め、障害の状態を子細に検討し教育的ニーズを明らかにするとともに、本人・保護者の意見を聞くようにします。その上で、教育学・医学・心理学等の専門的見地からの意見、学校や地域の状況等もふまえて、総合的に判断するようになります。

　一人ひとりの教育的ニーズに応じた支援を確保するためには、乳幼児期を含めた早期からの教育相談や就学相談を行い、十分な情報提供と教育的ニーズの共通認識を保護者・本人を含めた関係者がともに深めることで、以後の支援がスムーズに進められます。できるだけ早期に子どもが専門的な支援が受けられる体制を、関係機関と連携して確立することが必要です。

第2節　個別の指導計画の活用

　平成21年に改訂された学習指導要領における特別支援学校の改定の基本的な考え方では、障害の重度・重複化、多様化に対応し、一人ひとりに応じた指導を一層充実することがあげられ、そのためには「個別の教育支援計画」「個別の指導計画」の作成が解説において規定されました。一人ひとりに応じた指導の充実には、子どもの状況やニーズを的確にとらえ、指導方法や指導内容、指導体制、個々の指導内容等をPDCAサイクルを用いて、適宜行っていくことが求められます。そのためのツールとして「個別の指導計画」が最適であり、これを活用することがあらためて示されているのです。そして、小学校や中学校にて行われている特別支援教育においても、学習状況や結果の適切な評価を丁寧かつ確実に行い、連携している各機関との情報共有の確実な推進のために、「個別の指導計画」の作成と活用が推進されているのです。

　大切なのは、「個別の指導計画」を作成することではありません。あくまでも、子どものよりよい指導支援が計画的・系統的に進められ、常に評価・更新されることにあります。これまで経験的に伝えられてきた日々の実践を、記録と評価という形で積み重ねていくことです。

第3節　発達検査や知能検査、心理検査について

　子どもの実態という言葉がよく使われます。目の前の子どもの病名や障害名に始まり、身長体重といったものから、学習状況と課題、生活状況と課題、性格や嗜好などあげればきりがありません。これは見方を変えれば、どこまで情報を収集しても目の前の子どもの全体像をつかんだことにはならないということです。重要なことは、何をどこまで知ることが現時点での「実態をつかむ」ことになるのか、しっかりと理解しておくことです。

　諸検査を実施することは、子どもを知る上で大切なことは言うまでもありません。しかし検査で得られた結果（情報）は、一側面の情報にしかすぎません。実施にあたっては、①検査のねらいを明確にする、②得られた結果と生育歴や学校生活での様子などさまざまな情報から総合的にその子どもの像をとらえる（アセスメント）、③支援の見通しを立て、短期・中期・長期の支援計画を練る、といったことを行います。どのような指導・支援をしていくのかについてその子どものもつ力を引き出し、成長につなげて検討し、実践の切り口にしていくことが大切です。

1. 情報の追加と変更、削除

　個別の**教育支援計画**は、一人ひとりの指導支援の歴史・経過であり、これからの指導支援を見通すためには欠かせない情報です。担任が変わっても、同じ支援が行われること、系統だった指導を行うために、これを作成し積み重ねていくのです。

　特別支援学校で学ぶ子どもたちは、発達のプロセスが健常児のそれと比べて独特であったり、時間を要したりすることがあります。ある課題を達成するにも、何度も試行錯誤しなが

ら獲得することもあるし、変化がとても小さくわかりにくいこともあるでしょう。しかし、子どもとともに活動し、日々見つめている担任だからこそ、その成長や変化に気づけることがあるのです。個別の指導計画は、常に子どもの成長や変化によって微調整され、更新することが大切です。子どもの成長や変化による次の目標や手だての変化は、個別の指導計画にこれまでとはどのように変わったのか、わかるように記入していきます。そうすることで、子どもがいつどのようなアプローチをどのくらい行った時にどのような変化があったのかが、後の担任や関わる教師に伝わり、継続した支援につながっていくのです。

第4節　教師一人で抱え込まない──協働による子ども支援

　子どもの障害が重度化・重複化・多様化するなかで、より個に応じた支援が求められます。したがって、担任と子どもの一対一でのかかわりが増えがちです。しかし、担任の先生だからできることから、どの先生と行ってもできることに広げていくことが、子どもの後の生活に必要になることはいうまでもありません。また、子どもを取り巻く環境、保護者はもちろんのこと、医療・福祉・地域などさまざまな連携を広げていくことで、子どもの可能性も広がっていきます。このことから、教師も同僚教師とチームを組んで指導にあたり、学校内の進路指導や生徒指導・就学指導委員会などを活用し、複数の視点で支援することが大切です。

1．多面的理解

　子どもを理解する時、複数の目で見ることにより、子どもを多面的にとらえることができます。たとえば担任が自分勝手な振る舞いが多いととらえていた子どもが、作業班の担当教師からは、作業後の片付けを手伝ってくれたとか、進路担当教師から、職場実習先で挨拶をきちんとしていたなど、周囲の教師は見方や気づきにより、子どもの見方が変わることがあります。

2．共通理解による支援

　共通理解とは、複数で子どもを支援する時に、教師が子どもを同じようにとらえることをいいます。チームでの子どもの支援は、多面的にとらえられる利点がある一方、関わる教師が同じように子どもを理解し、同じように支援する難しさがあります。そこで、アセスメントに基づいた支援のあり方を共通理解します。そうすることにより、たとえば、人前で話すのが苦手な子どもが、行事等の司会を立派に務められたら、そのことについて関わる教師の誰もが認め、折に触れて声をかけるといった支援をすることができます。これより、支援する誰もが同じようにできる具体的な行動を共通にすることで、同じ支援に対する反応やエピソードを得られ、教師間の理解が促されていきます。

第5節　専門機関・地域・保護者との連携

1. 情報の保護と交換

　子どもを理解、支援するためにもはや関係機関との**連携**は不可欠です。連携は医療や福祉、労働や行政といった機関だけでなく、保護者や地域にあっても、ともに子どもを支える大事な資源であるといえます。

　その時に、それぞれがもつ子どもの情報を共有することで連携で行う支援はすすめやすくなります。そのためにも子どもの情報は整理しておくことが大切です。個別指導計画作成にあたっては、他機関と連携することも想定した書式や書き方を工夫する必要があります。もちろん個人情報保護の観点から、取り扱いには保護者などと連絡を取りながら丁寧に扱う必要も忘れてはいけません。

2. 理解することは関わること

　子どもを理解するための近道はありません。確実な理解に近づくためには関わることです。日々、子どもに向き合い、一つ一つの言動に丁寧に応えていく、現象面だけにとらわれず、子どもの言動の背景にあるものを考察し、さまざまな手立てを講じるなかで子どもへの理解が進んでいくのです。

第6節　子どもの障害でなく「困り感」からの指導・支援

　平成25年にDSM−Vが示され、「自閉性障害」「アスペルガー障害」「特定不能の広汎性発達障害」等が自閉症スペクトラム障害にまとめられました。自閉症スペクトラムは、ローラ・ウイングが提唱した診断概念で①社会的相互交渉、②コミュニケーション、③イマジネーションといった療育の特性が典型的な自閉症から、一見すると自閉症に見えない非典型的な自閉症まで連続し、支援方針も共通していることから、連続体として呼ばれています（村松, 2011）。この診断基準により、これまでアスペルガー障害などの診断がつけられていた一部の人に診断がつかなくなることが予測されています。

　しかし、教育の現場で大事なことは、障害を明らかにすることではありません。子どもの困り感に寄り添い、そのことに対して具体的な支援をしていくことです。障害に起因した課題があっても、どのように克服するかは、子どもによって違います。それを丁寧に見つめて、その子に合ったやり方で支援するのです。つまり、子どもの困り感に沿った支援をしていくことが大切です。

　　　　　　　　　　　　　　　　　　　　　　　　　　　　　　　　　（小澤　典夫）

ワークシート

次のことがらについて理解を深めておきましょう。
1. 発達障害とはどんな障害ですか？
2. 青年期の発達障害のある生徒に対応する時、どのような配慮が必要になりますか？
3. 発達障害のある生徒が学校生活を送る上でどのような配慮が必要ですか？
4. 特別支援教育コーディネーターにはどのような役割がありますか？

【引用・参考文献】

文部科学省（2009）．学習指導要領
文部科学省（2009）．学習指導要領解説
全国特別支援学校病弱教育校長会（2012）．病気の子どものガイドブック　ジアース教育新社
文部科学省（2009）．特別支援教育の推進について（通知）
中央教育審議会初等中等教育分科会（2013）．共生社会の形成に向けたインクルーシブ教育システム構築のための特別支援教育の推進（報告）
全国特殊学校長会（2004）．盲・聾・養護学校における「個別の教育支援計画」　ジアース教育新社
全国特別支援学校病弱教育校長会（2009）．新しい教育課程と学習活動Q＆A特別支援教育　東洋館出版社
本田秀夫（2009）．子どもの行動観察のポイント　こころのりんしょう　星和書店, 30, 203-207.

学びを深める図書

柘植雅義（2013）．特別支援教育　中公新書

コラム：関わることから始まること

　私が、はじめて精神疾患と発達障害を併せ有する児童を受けもった時のことです。当時、勤務していた特別支援学校では精神疾患の児童生徒を指導・支援した事例がなく、この児童を転入生として小学校から受け入れるのもはじめてでした。当然、指導・支援のノウハウもなければ、そもそも精神疾患そのものの知識も、ほとんどない状態での出発でした。

　その児童には強迫性障害とアスペルガー症候群という診断名がついていました。私は病院や相談機関で受けていた知能検査（IQ130以上）や発達検査の結果を分析し、精神疾患やアスペルガー症候群関係の本を読みあさり、そこに示してあったかかわりの基本を頼りに、児童とのかかわりを始めました。

　その児童は、通っていた小学校を不登校になってから、近隣の特別支援学級や相談機関に支援を求めましたが、どこでもうまくいかず、最後の砦として特別支援学校の門を叩きました。児童がこの学校に通えないなら、他に行ける学校はないと思い、苦しくても通うことに必死であったように、私もまた最後の砦であるこの学校に通えるようになってほしいと必死の思いでした。

　そのため当初は、自分の言動が児童にどのように伝わっているのか、自分のかかわりは正しいのか、児童の反応に細心の注意を払い、内心ビクビクしながら関わっていました。

　しかし、担任になって2ヵ月が過ぎた頃から、「他の児童と変わらないのではないか。」ということに気づいたのです。もちろん、この子のもつ過敏性や集団への抵抗感に対する配慮は続けましたが、子どもと関わることに変わりはないと思い直したのです。未知の病気や障害に対する不安から必要以上に気を遣い、ビクビクすることはやめました。もし自分のかかわりにまずいところがあったら、そのことに「ごめんね」とあやまり、児童から学ぼうと決めました。

　それからは、他の児童と同じように、自分らしいかかわり方をすることができるようになりました。すると児童はほどなく触覚過敏や聴覚過敏が見られなくなり、他児と一緒に活動できるようになりました。他児と関わる時間が増えて教室で居場所が確立した1年後、みずから「小学校に戻りたい」と話し、地元の原籍校の小学校に戻り、以後卒業まで休むことなく通うことができました。

（小澤　典夫）

学級経営

11 学級経営のあり方について

第1節 あなたが学級担任となるために

　あなたが児童生徒の立場だった頃、**学級**とはどのような場でしたか？　勉強する場、友だちとおしゃべりする場など、あなたが過ごした空間として、さまざまな思い出とともに当時の学級の様子がよみがえってくると思います。あなたの印象深い学級にはどのような特徴がありましたか？　あなたが快適で充実した学校生活を送るために、担任の先生はどのような工夫や努力をされていたのか、まずは振り返ってみましょう。

　では、あなたが**学級担任**としてクラスを預かったら、どんなクラスにしたいですか？　お互いを思いやるようなクラスですか？　活発に意見交換ができるような人間関係のあるクラスですか？　教員になるとあなたはゆくゆく「自分のクラス」をもつことになるでしょう。しかし、これは「あなたのもの」ではありません。とくに中学・高校では教科担任制をとっていますので、あなたがすべての授業を担当するわけではなく、多くの先生方の協力を仰ぎながら学級を経営していくことになります。「教師のリーダーシップ」は、**学級経営目標**のもとに児童生徒と関わるという担任が主導する側面に加え、同僚の先生方や保護者など多くの人々とのつながりをコーディネートする側面があることに留意したいものです。

　時に「**学級王国**」と呼ばれる閉鎖的な学級経営を行って、担任がクラスを私物化してしまうことも起こります。このような状況になると、児童生徒は担任に表立って反発することができずに沈黙するか、担任のご機嫌をとるようになります。これはあなたが望むクラスのあり方でしょうか？　あくまでクラスを「預かる」という立場から関係性を構築し、児童生徒の成長発達につながるようにリーダーシップを発揮してください。

第2節 学級経営をいかに進めるか

1. 学級経営とは

　学級経営について、『新版教育小事典』には「教室の環境を整備し、学級の子ども集団を教育目的の実現に向けて効果的に取扱う教師の仕事」とあります。行き当たりばったりの指導では教育目的の実現は困難ですし、児童生徒や保護者が不安を抱きかねません。

　担任は始業式以前に、学校教育目標に基づいてこの1年間で何を目指すか学級経営目標を定めます。その上で、実現のための手立てとして日々のかかわりから学校行事までを有機的に結びつけて**学級経営計画**を立てます。そして、児童生徒に対して言葉や態度、掲示物などで目標をくり返し伝えるとともに、同僚の教員や保護者にも考えを示し、目標到達に向けて協力を仰ぎます。なお、学級の実態に応じて目標や計画を柔軟に修正することも必要です。

2. 学級開きと学級集団づくり

　新学年を迎えて、児童生徒は期待と不安を抱いています。とくに新１年生は学校にも慣れておらず、特段の配慮が必要です。**学級開き**までにクラス全員の名前を憶えてしまう先生もいます。担任の先生が初日にもう自分の名前を憶えて呼んでくれたら、自分の存在を受け入れられたという新鮮な感動が児童生徒の心に湧き上がることでしょう。他にも、掲示物をはじめとする教室の環境整備に注力しておくことで、児童生徒が教室に足を踏み入れた時に、担任の人柄や方針などを感じられるような心配りも必要です。清掃や整理整頓も心がけ、快適な生活ができる空間づくりも意識しましょう。一般に学級経営の成否は最初の１週間で決まるとされており、周到な準備が必要です。

　さあみんなが揃いました、このメンバーで１年間を過ごしていきます。まずはあなたが自己紹介をし、どんなクラスにしたいか目標や約束事を伝えます。一人ひとりの顔を見ながら語りかけ、学級というチームで過ごしていくという意識づけを行いましょう。次に、児童生徒は新しい学級のなかで少なからず緊張していますので、自己紹介による新しい関係づくりを促しましょう。

　学校現場では、構成的グループエンカウンター（SGE）などのカウンセリング的手法を援用する先生もいます。たとえば、学級開きの際に「バースデーライン」という手法を用います。声を出さずに誕生日順に円型に並ぶよう生徒に促し、整列できたら誕生日と名前など順番に自己紹介をしてもらいます。一人終えるたびにみんなで拍手すると、この学級に受け入れられたという安心感や学級の連帯感を高めることができます。通常、整列や座席は出席番号順なので、それ以外の並び順を設けることであらたな出会いを生み出す効果も期待できます。

　このような**学級集団づくり**は学級経営において極めて重要であり、それに基づいて日々の**授業**や**学級活動**がなされていくことになります。学級活動について、たとえば『中学校学習指導要領』には「学級活動を通して、望ましい人間関係を形成し、集団の一員として学級や学校におけるよりよい生活づくりに参画し、諸問題を解決しようとする自主的、実践的な態度や健全な生活態度を育てる」と目標が示されています。学期のはじめに行われる係決めも学級活動のひとつです。児童生徒の自主性を尊重しつつも、積極的かつ主体的な参加を呼びかけ、学級・学校に役割をもちながら関わることで帰属意識を高めさせていきましょう。

3. 学級といかに関わるか

　学級の一日は朝の会から始まりますが、決して連絡事項を伝達するだけの場ではありません。児童生徒と日常的にかかわり、その様子を意識的に観察している担任は、そのわずかな変化にも気づくようになります。朝の会で担任は、児童生徒のわずかな変化に気づくことができます。そこで担任は学級全体の様子を確認し、顔色が優れないなど気になる児童生徒には積極的に**声がけ**を行います。星野（1997）が実践したように、児童生徒一人ひとりの**カルテ**を作成し、「おやっ」と思うことなど、日常的な気づきを記入していくことでその変化を追うことも、児童生徒への理解を深める効果が期待できます。

学級活動では児童生徒の話しあいやルールづくりなどの主体的な活動に加えて、担任が自分の経験や考えなどを語ることも関係を深める上で大切です。時には自分が児童生徒の立場だった時の悩みや失敗談にも言及しましょう。みなさんのなかには、自分の不完全さを語ることに抵抗をもっている人もいることでしょう。きちんとした関係づくりがなされていれば、決してあなたの不完全さが責められることはありません。むしろ、不完全さに人間味を感じ、自分と同じように悩み苦しむ存在であることに共感を覚え、自己開示をして語ってくれる先生に対して信頼感を抱く者が大半でしょう。

第3節　保護者といかに関わるか

　子どもが学校でどのように過ごしているか、保護者はどのように把握すると思いますか？　子どもが「今日こんなことあったんだ」と話をしてくれる場合もあります。ただ、その内容は学校で起こったすべてとはかぎらず、あくまでその子の見方に基づいたものです。学校で不愉快なことがあった場合など、子どもが必ずしも正確ではないことを家庭で伝えていたらどうなるでしょうか？　保護者が鵜呑みにしていった結果、学級や学校に対して不信感をもつようになり、時として「**モンスターペアレント**」となることにもつながりかねません。

　このような状況を未然に防ぐ方策のひとつが、**学級通信**の発行です。担任の立場から保護者に対して、学校での生活の様子や現在の学校・学級での取り組みなどを直接伝えることができます。他にも、学校行事への参加呼びかけ、生活に関する注意の喚起、連絡事項など、工夫しだいで活用方法は広がります。そして何より、学級経営についての考えを直接的かつ継続的に発信することができます。保護者との信頼関係の構築のためには、情報の共有化（情報格差の軽減）が必要です。学級通信以外にも、**保護者会**や面談などでの直接的なかかわりを大切にしましょう。また、ホームページを充実させて、保護者が学校生活の様子をわかるように配慮している学校も少なくありません。「知らないことが不安につながり、知ることが安心につながる」ことを理解してください。

　保護者とのかかわりを恐れている人はいませんか？　児童生徒の向こうにはその保護者がいます。子どもの幸せを願わない保護者はいません。担任と保護者は子どもの幸せという点で利益が一致し、子どもの成長発達を支援する大人として協力できるはずです。ぜひ保護者に学級経営への協力を呼びかけましょう。

第4節　もしも学級経営が困難になったら

　もし「自分のクラス」がうまくいかなくなったら、あなたはどうしますか？　何とか自分で問題を解決しようと責任感をもって取り組むことは大切です。しかし解決が困難な場合、担任ひとりで抱え込むと、時間だけが経過して、状況を悪化させる結果ともなりかねません。問題が発生した場合には、学年主任をはじめ周囲に相談し、助力をお願いしましょう。学校はひとつのチームです。学年で解決できなければ、管理職が対処する場合もあります。

中教審答申（「教職生活の全体を通じた教員の資質能力の総合的な向上方策について」）でも、生徒指導上の課題について「陰湿ないじめなど、教員から見えにくい事案についても子どもの兆候を見逃さず、課題を早期に把握し、警察等の関係機関と連携するなどして的確に対応できる指導力を養うとともに、教職員全体でチームとして取り組むこと」を求めています（文部科学省，2012）。気がかりなことがあれば、学年主任や同学年の教員、必要であれば管理職にも日常的に「ホウ・レン・ソウ」（報告・連絡・相談）を実践しましょう。

　学級は多様な児童生徒の集団であり、担任に対して心を開かない者もいます。その場合には、保護者や他の教員・児童生徒から情報を収集して様子の把握に努めましょう。とくに問題発生時には保護者との関係性が問われますので、日常的なかかわりを大切にしましょう。なお、学級の問題を隠そうとすると、問題がさらに拡大して被害を広げ、結果的に全体の不利益にもつながりかねません。諸富（2013）は**援助希求**（help-seeking）という概念を用いて、児童生徒が担任に援助を求めやすい関係づくりと、担任が周囲に援助を求めることの必要性を説いています。学級経営は担任ひとりで行うものではなく、チームで取り組むものという意識のもとで、あなたのリーダーシップを発揮してください。

（小松　伸之）

ワークシート

1．あなたにとって、もっとも思い出に残る学級担任はどのような先生でしたか。

2．1．の先生は、学級経営についてどのような配慮や工夫を行っていましたか。

3．あなたはどのような学級をつくりたいですか。

4．3．をもとに学級経営目標を決めましょう。

5．4．の目標を実現するための具体的な手立てをあげましょう。

6．あなたが発行する学級通信のタイトルと、そこに込めた思いを示しましょう。

7．学級開きで児童生徒に伝えたいことをまとめましょう。

【引用・参考文献】

中央教育審議会答申（2012）．教職生活の全体を通じた教員の資質能力の総合的な向上方策について（2012年8月28日）

平原春好・寺﨑昌男編集代表（2011）．新版教育小事典〔第3版〕　学陽書房

星野恵美子（1997）．「カルテ」で子どものよさを生かす　明治図書

諸富祥彦（2013）．教師の資質　朝日新書

文部科学省（2008）．中学校学習指導要領　東山書房

学びを深める図書

伊藤直樹編（2009）．教育臨床論　批評社

北村文夫編（2012）．学級経営読本　玉川大学出版部

小島宏（2011）．小学校／学級担任の実務カレンダー　学事出版

高野利雄（2002）．先生のためのやさしい教師学による対応法　ほんの森出版

【もっと深めよう！】

①実習時の資料などをもとに教育実習校の学校教育目標を示しましょう。

②教育実習校の担任の先生が掲げていた学級経営目標を示しましょう。

　※わからない場合は、学校教育目標をもとにして自分で定めましょう。

③教育実習校の年間行事予定から、それぞれの学校行事と学級経営目標がどのように結びつけられているのかを考えてみましょう。

④学校行事を1つ選び、その直前に生徒たちにどのように呼びかけるかを考え、実際に発表してみましょう。

コラム：自慢の先生になろう

　「はじめまして」と自己紹介する時は、自分の特技を披露してみましょう。手品や楽器演奏、歌、似顔絵かき、書写、落語、クイズ、暗記していることなど、どんなことでも構いません。名前や趣味、特技を言うだけのありきたりの自己紹介よりも、ずっと子どもたちの心に残るはず。他のクラスの友だちに「うちのクラスの先生は……。」とちょっぴり自慢げに話すことでしょう。そして、それは家庭に持って帰って話題になるはずです。まずは、教師から自己開示してみましょう。

　【一日の始まりは前日から】必ずやってください。それは、一日の終わりにあなたの教室の子どもの机を、一つひとつ触って整頓することです。その時、今日、この子とどんな話をしたか、どんな様子だったかをふり返りましょう。もし、一言も言葉を交わしていないようなら、明日は意識的に必ず声をかけましょう。まじめで手のかからない子どもこそ、常日頃から声をかける配慮が必要です。また、きれいになった黒板に、一言、教師からのメッセージを書いておくと、毎朝子どもたちが楽しみにするようになります。教師が心を込めて準備した教室が、翌朝、子どもを気持ちよく迎えることでしょう。授業の準備だけでなく、ちょっとした心と環境の準備も忘れずに。

【給食の時間が教育相談に】給食の時間に担任が各班に混ざって食べることがあります。これはコミュニケーションを図るのに有効だと思います。ただ、よく話す子はいつも決まっていて、おとなしい子はなかなか話すことができません。そこで、一歩進んだ方法を紹介します。それは毎日先生と2人班で食べることです。はじめのうちは恥ずかしがっているかもしれませんが、そのうち先生と一緒に食べる日を楽しみにするようになります。一緒に食べながら話をすると、子どもは安心していろいろなことを話してくれます。いつのまにか給食の時間が教育相談の時間に早変わりです。仮に1クラス40人として、クラスを一回りしても1ヵ月半というところです。ぜひ続けてやってみてください。

【中学生になったら生活記録ノートを】小学校では、毎日連絡帳を書いていますが、中学生になると連絡帳は書かなくなります。その代わりに、ネーミングはいろいろですが市販で生活記録ノートというものがあります。連絡帳の代わりに一言日記や明日の時間割を記入できる欄を教師が工夫して作成してファイルにとじてもよいでしょう。要は生徒と教師の交換ノートのようなものです。毎日、必ず目を通して、忙しい日はサインだけで十分なので、時間がある時に多めに返事を書きましょう。ノートで指導はしないように。なかには、なぞなぞや質問を書いてくる生徒もいます。生徒理解にとても有効なので、続けることが大事です。友だちのノートは絶対見てはいけないというルールにすると、悩み事や相談を書いてくることもあり、問題行動の早期発見にもつながります。

【健康観察でひと工夫】学級担任は毎朝健康観察を行います。最初の1ヵ月位は名前を呼んでただ返事をするだけでなく、テーマを決めてやってみましょう。たとえば「好きな食べ物」「好きなテレビ番組」「好きな動物」など。「先生は今日も元気です。先生ラーメンが好きです」と見本を見せます。次に子どもの名前を呼ぶと「はい、元気です。僕はカレーライスが好きです」というように答えてくれるでしょう。毎朝返事をすることが、自己存在感を与える場にもなります。

そして忘れてならないことは、帰りの会での健康観察です。一日元気にがんばった子どもたちが、けがをしていないか、明日も元気で学校に来ることができるか、一言でいいですから全体へ聞いてみましょう。「今日、けがした人はいませんか。今、具合が悪い人はいませんか」これが、明日への安心につながります。

その他、「生徒と信頼関係を築く学級経営の工夫について」ではありませんが、新規採用の先生方にぜひ知っておいてほしいことがありますので、書いておきます。

【給食のおかわりについて】給食指導は慣れるまで大仕事です。早く全部食べ終わった人は、おかわりのじゃんけんに参加できる権利があるというやり方が一般的ですが、それではよく噛んで給食を味わう暇もありません。食べるのが遅い子は、残さず食べてもいつもおかわりができません。そこで、配膳が終わったところで、先におかわりじゃんけんをしてみてはどうでしょう。おかわり分だけ少し余分に大盛りにしてあげればよいのです。早食いがなくなり、不公平感もなくなります。もし、おかわりをして全部食べられなかったとしても、大目に見てあげましょう。だんだん自分がどれくらいなら食べられるかがわかるようになります。

【掲示物について】教室の掲示版は、前面と廊下側、背面が一般的です。学校によって、前面には学校目標や学級目標など、決められたものを掲示することになると思いますが、それ以外のスペースは学級担任に任されています。まずは、先輩教師の掲示版の作り方をよく見て工夫してください。ただ、注意してほしいことは、前面は落ち着いた配色にして、授業中子どもたちの集中を妨げないようにすることです。赤やピンクは避けた方がよいでしょう。黒板には、授業に必要なもの以外は、いろいろなものを貼らないようにしましょう。そして、最後にいろいろな子どもの席に座って掲示物を眺めてみましょう。きれいに貼られたパネルにかけられたビニールが、光を反射して見えないようでは掲示した意味がありません。子どもの目線で仕上げましょう。

【よい姿勢は】子どもの成長はめまぐるしいです。とくに体の成長が著しい小中学校では学級開き

のあと、すぐにやってほしいことです。それは机といすの高さ調節です。足がぶらぶらしたり、背中が丸まったり、足が机からはみ出していたり。「姿勢が悪い」と注意する前に、机といすの高さが体に合っているかどうか点検しましょう。一人ひとりに対して点検をすることが、子どもの成長に気づくチャンスにもなります。少なくとも、新学期、夏休み明けには調節しましょう。　　　（岩井　美樹）

コラム：学級・学校経営上の危機管理について対応のポイント

　学校には、大きな2つの使命があります。その1つは、学力を身につけさせ、児童生徒一人ひとりの希望する進路を実現させることです。もう1つは、社会性を身につけ、立派な社会人として通用する人間の育成です。このことを実現させるために、日々の教育活動が行われているのです。子どもたちや教職員にとって、安全・安心に生活できる教育環境の確保・維持を図るためにも、危機管理意識を高めていくことは、学校にとって最重要課題の1つとなります。

　危機を領域別に見てみると、次のようになります。①健康・安全に関するもの（事故・災害・病気・いじめ・暴力など）、②施設・設備に関するもの（施設・設備の瑕疵・不審者侵入等）、③教育課程に関するもの（学力保障・単位認定・教育内容等）、④教職員に関するもの（セクハラ・人権侵害・指導方法等）。

　また、危機の対応としては、不正や事故などが起こらないように、その可能性を低減させ、未然に起こるのを防ぐリスクマネジメント、起きてしまった後の対応が求められるクライシスマネジメント、再発防止に努めるナレッジマネジメントの3つがあります。

　危機対応の基本的姿勢には、学校教育現場で浸透している「さ・し・す・せ・そ」があります。「さ」は最悪の事態を想定して、「し」は慎重に、「す」は速やかに、「せ」は誠意をもって、「そ」は組織的に対応するということです。日頃から危機対応マニュアルを整備し、意図的・計画的な研修・指導・訓練を行い、教職員や子どもたちの意識やスキルを高めていくことが大切です。保護者をはじめ、地域・関係機関との連携を強化し、有機的に対応していくことも求められています。ハインリッヒの法則によると、1件の大きな事故・災害の裏には、29件の軽微な事故・災害、そして300件のヒヤリ・ハット（事故には至らなかったもののヒヤリ、ハッとした事例）があるとされています。重大な事故・災害の防止のためには、その発生が予測されたヒヤリ・ハットの段階で対処していくことが何よりも大切なのです。危機的な状況は、突発的に起こりうるものです。そのため普段から定期的な点検と改善を行い、情報の共有化を図り、組織を機能させていくことが重要です。

　学校における危機の事例について以下に3つの事例を紹介します。

　　事例1：教員が生徒の個人情報が入ったUSBメモリーを紛失した。教員全体で紛失した可能性のある場所を探したが見つからなかった。当該保護者・生徒へ説明・謝罪、教育委員会へ第一報。

　　事例2：体育祭当日、校舎3階の女子更衣室より数名分の制服が盗難被害にあった。外部からの不審者を遅刻した生徒が目撃していた。後日、制服は、ネット・オークションで競売にかけられていた。当該保護者・生徒へ説明、警察への届、教育委員会へ第一報。

　　事例3：台風が近づいている悪天候の日に、生徒が清掃当番場所に向かう途中、通路のドアを開けて出ようとしたが、強風にあおられ、ドアの上部のガラスに右腕を突っ込み、割れたガラスが右上腕部に突き刺さった。当該生徒の応急処置、救急車の要請、当該生徒保護者へ説明、教育委員会へ第一報。　　　　　　　　　　　（神野　建）

12 社会性や対人関係力
教師のコミュニケーション力
――組織の一員として・児童生徒に対して――

　これまでの章で述べてきたように、教師は教科指導、学級経営、生徒指導・教育相談などの職務を的確に実践できる力を身につけていなくてはなりません。そのために重要となってくることがコミュニケーションです。その有効な手段の一つとして「**ソーシャルスキル**」という視点があります。そこで、この章では、組織の一員としての立場と児童生徒に接する時に焦点をあてて、ソーシャルスキルの視点から**コミュニケーション力**について述べていきます。

第1節　コミュニケーション力の重要性

　河村（2002）によると、児童生徒との関係に悩む教員は以下の3点が適切に行われていないことが多いと指摘しています（図12-1）。①については、教員の先入観やハーロー効果、ピグマリオン効果といった心理的作用が影響するため、児童生徒の実態と内面を理解し、まずは関係づくりをすることが必要になってきます。②は児童生徒の実態や様子は把握しているが具体的な言葉かけや態度をどうしたらいいのかがわからない場合です。わからないことは率直に子どもに尋ねて確認することがとても大事になってきます。また、友だちのように話すといったなじまないコミュニケーションスタイルだとしても、ありのままにまずは受け入れ、関係性を築いた後に、節度ある良好な関係となるよう丁寧に助言・指導することが大事になります。③は、言い方が「きつい」「暗い」「くどい」「威圧的」といったように言葉遣いや態度などが児童生徒の側で受け入れにくい場合です。一人ひとりへの関係だけでなく集団に対しても良好な関係を築くためには、ソーシャルスキルを身につけることは非常に重要になってきます。そのソーシャルスキルとは、対人関係を円滑に運ぶための知識とそれに裏打ちされた具体的な技術やコツのことをいいます（原田, 2009）。対人関係の改善や人間関係を円滑に営む能力でもあり、このソーシャルスキルの考え方は、教員組織の一員として、また子どもに接する時に必要不可欠な条件になっているといえるでしょう。

---

①児童生徒の実態の理解が適切ではない
②児童生徒の実態の理解は適切にできているが、自分の思いを児童生徒が理解できるような言葉や態度に置き換えていない
③児童生徒の実態の理解もでき、児童生徒に理解できるような言葉や態度にも置き換えているが、適切に伝えられない

図12-1　児童生徒の関係に悩む教師の3つのタイプ（河村, 2002）

第2節　組織の一員としてのコミュニケーション力

　教師の職務は多岐にわたります。その職務はどれをとっても他の教師と協働で教科教育、生徒指導・教育相談、学校行事や学年運営、務分掌などに取り組み、学校組織の一員として責任をもって遂行することが求められています。現在の学校では、いじめ・不登校・暴力行為など生徒指導および教育相談上の問題や課題が山積しています。なかでも、陰湿ないじめ（ネットいじめを含む）は、教師が見ていないところで行われ、状況によっては不安や恐怖をあおられる可能性が高く、被害者に大きなダメージを与えることが推測されています（原田, 2013）。このような場合、子どもたちの兆候を見逃さず、課題を早期に発見・把握し、教職員が連携して支援体制を校内につくり、関係諸機関と協働するなど、的確で迅速な対応が求められてきます。そのためには、教員のコミュニケーション力、チームで対応していく力が重要となり、支援の大きな鍵となります。

　しかし、初任者が多岐にわたる教員の仕事をするなかでは、わからないことや戸惑いが生じてくるのは当然です。そこで重要になってくることが「わからないことをわからないままにしない」ということです。つまり、教員としての先輩である同僚教師に、わからないことを聴き、質問し、教えてもらうということが重要になってくるのです。これにより、先輩教員からさまざまな知見を得ることができ、教師としての力量を高めることにつながります。さらには、組織の一員として関係を深めるきっかけにもなり、「不安」や「孤立」を未然に防ぐことにもつながります。この時に大事になることが、先輩教師に敬意をはらうこと、聞いた内容についてメモを取ることです。たとえば、仕事をする上でわからないことが起きた場合、これまでに教師として働いてきた先輩教師に敬意をはらいながら、敬語を正しく用いて恥ずかしがらずに教えを願い出ることです。質問をする前には何を聞くのか、何を教えてほしいのかなどをメモに書いて整理し、相手に声をかけていいのかどうか状況を判断してから、聞きたい内容を明確に伝え、わかったことについてはしっかりとメモを取ります。そして、最後に感謝の気持ちをしっかりと伝えることも忘れないでおきましょう。

　また、児童生徒の成長を支える校内職員には教師以外に、養護教諭、スクールカウンセラー、図書室司書、事務職員、ボランティアなどがいます。関係性を築く上で、当然、コミュニケーションは欠かせません。ここで役立つ視点が児童生徒への支援の充実に向けた教師組織の一員としてのコミュニケーション力を発揮する「**コンサル**

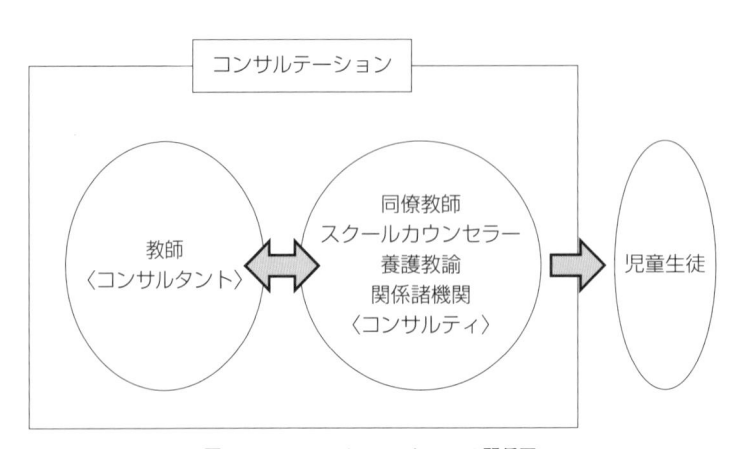

図12－2　コンサルテーションの関係図

テーション」の考え方です（図12 - 2）。

　このコンサルテーションとは「異なる専門性を持つ複数の者が、援助の対象の問題状況について検討し、よりよい援助のあり方について話し合うプロセス」のことをいいます（石隈, 1999）。ようするに教師は、「教育の専門家」もしくは「担任をしている児童生徒に関する専門家」、教育相談主任は「教育相談に関する専門家」、スクールカウンセラーは「心理の専門家」もしくは「心の発達やケアを支援する専門家」といったように、互いの専門性に基づいて対象となる子どもへのかかわりを援助するためのコミュニケーションのやり取りと言いかえることができます。たとえば、対人関係がうまくいかないことで登校をしぶる子どもをどうにかしたいという課題を解決したいとします。そこで、担任教師（コンサルティ）は教育相談の専門家である教育相談担当と心理の専門家であるスクールカウンセラー（コンサルタント）の支援を活用しながら、自己責任のもと判断し、具体的な行動として対応します。この時に重要になってくることは、それぞれが自由意思をもった関係で問題解決を協働で行うことにあります。つまり、コンサルタントとコンサルティは異なる専門性をもった似た者同士であり、それぞれの専門的知識を活用して児童生徒の支援のあり方について話し合うことを重要とし、言われるがままに担任の先生が行うのではなく、児童生徒の実態に合わないと思えば、専門家からの提案を自由に断ることができるのです。

　同様に、校内外の関係者で行う支援について整理してみます（図12 - 3）。第一段階は、児童生徒の支援を支える意義や理論を共有し、互いの立場や役割を認識して信頼関係を構築することが重要になってきます。率直に自分の専門性や苦手な領域・わからないことを伝えていくことが求められてきます。第二段階では、児童生徒の問題や課題について理解し、どのような支援が必要か（どのような授業を行うとよいか）について話し合うといった状況や状態の把握に基づいた支援の見通しを決定するアセスメントを行います。専門家の意見を聞きながらも自身の主張をしていくことが重要になってきます。第三段階では、支援計画（授業計画）に基づいて、実践（授業）を行い、第四段階では、これまでに行った実践（授業）の評価を分析して今後の支援（授業）を修正するといったプロセスを歩みます。これらの段階では、授業を行うことで得た気づきを聴いてもらい、今後に向けた課題などの助言・指導・感想をもらうといった自他の意見に基づいた客観的なとらえ直しが求められてきます。これは教科指導にも通じるところです。

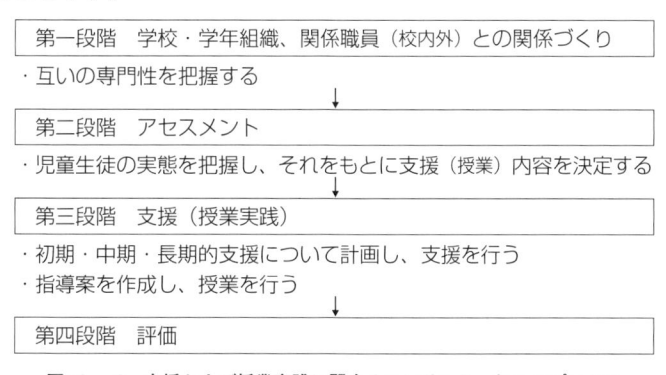

```
┌─────────────────────────────────────────────┐
│ 第一段階　学校・学年組織、関係職員（校内外）との関係づくり │
└─────────────────────────────────────────────┘
・互いの専門性を把握する
                    ↓
┌─────────────────────────────────────────────┐
│ 第二段階　アセスメント                                    │
└─────────────────────────────────────────────┘
・児童生徒の実態を把握し、それをもとに支援（授業）内容を決定する
                    ↓
┌─────────────────────────────────────────────┐
│ 第三段階　支援（授業実践）                               │
└─────────────────────────────────────────────┘
・初期・中期・長期的支援について計画し、支援を行う
・指導案を作成し、授業を行う
                    ↓
┌─────────────────────────────────────────────┐
│ 第四段階　評価                                          │
└─────────────────────────────────────────────┘
```

図12 - 3　支援および授業実践に関するコンサルテーションプロセス

第3節　児童生徒とのコミュニケーション

　日々、児童生徒と接する教師の言語的・非言語的コミュニケーションは、児童生徒のコミュニケーションや子どもとの信頼関係、教育活動に大きな影響を及ぼします。また、児童生徒とのコミュニケーションにおける関係開始、葛藤解決、感情統制はストレス軽減にもつながり、教師の心身の健康とも関連します（相川, 2011）。

1. 子どもの話を最後まで聴く

　子どもが教師に話をする、相談にのってほしいといった場合、どんなに忙しくても一度作業を中断して話を聴くことを心がけます。忙しい時は「今、〇〇しているから10分だけしか時間が取れないけれどいいかな」「会議が終わる30分後でもいいかな」といったように、あなたの話を聴く姿勢をもっていることは伝えます。そして、話を聴く時には、相手に体を向け、うなずきや相づちをしながら相手と目をあわせ、最後まで話を聴くことが重要になります。その時に「また同じことを話している」「なぜできないのだろう」など教師自身の感情を押しつけたくなることがあるかもしれませんが、そのような時は湧き起こる自身の感情はありのままに受け止めつつ、児童生徒のやり方や考えを否定することは避け、その子なりに頑張っていることを褒める・認めることが大事になってきます。その後に、児童生徒に合った具体的な方法・やり方を提案するようにします。また、子ども一人ひとりは成長の歩みが異なります。同時に、他人と比較せずに自分のペースや考えを大切にすることを伝え、できることや関わりを一緒に考えていく、あるいは応援していることを伝えて児童生徒の成長を支える態度も必要になってきます。これにより、児童生徒も安心し、教師に対して信頼を築くことにもつながっていくでしょう。

2. あたたかい言葉をかける

　教師と子どもの関係においてだけでなく、担任の先生と子どもとの関係がまだ築けていない、子どもの不安や緊張が高い、子どもが落ち込んでいるといった状況を解消するためには、「あたたかい言葉かけ」を積極的にすることが非常に効果的です。まずは、日常生活において「おはよう」「ありがとう」「さようなら」といった挨拶を大事にしましょう。表情が暗い、授業に集中していないといったいつもと違う子どもの状況や様子に気づいた場合にも一声かけ、気持ちに寄り添うあたたかい言葉をかけることを心がけたいものです。たとえば、「朝の様子がいつもと違うけれど何かあった？」「ここ数日、授業中にぼんやりしていることが多いけれど……」など具体的に気になる様子を示して気にかけていることを伝えるのもよいでしょう。また、叱る時には頭ごなしに言うのではなく、子どもの気持ちを汲み「そのようにせざるをえなかった」気持ちを受容した上で、説得的説明、励ましなどをします。一方、子どもが頑張ったところ、よくできたところは結果だけでなくプロセスも含めて、そのつど、できるだけ具体的に認めて褒めるようにします。これにより、やる気を維持させ、児童生徒の自尊心を高めることにもつながります。

3. コミュニケーション力を豊かにする

　教師は、考えたことや感じたこと、事実などを子どもに理解してもらうために、言葉を選んで伝える必要があります。そして、言葉以外にも大切にしたい点があります。1つ目は、声の調子。ゆっくり、はっきりと伝えるように心がけ、場合によってはくり返すことで伝えたいことを強調してみましょう。2つ目は、身ぶり手ぶり。言葉に合わせてそのものを指し示す、大きさや感情などを両手で表現することなどにより、教師の感情が子どもにより伝わります。3つ目は、顔の表情。話の内容に合わせて表情も豊かにするとわかりやすく伝わります。とくに笑顔は安心感を与えます。4つ目は、アイコンタクト（目線）。時折、子どもと目を合わせながら話をするとよいでしょう。この時に、ジッと見すぎるとにらまれている、威圧的に感じると子どもが受け取りかねないので、視線には十分注意したいものです。さらに、心構えとして、最初から子どもに信頼を得ようとコミュニケーションを無理に行うとお互いに負担です。ゆっくりと焦らず、時間をかけて子どもとの関係づくりをしていくことも大事で、その時に教師は、子どもの成長をともに歩んでいく伴走者という姿勢で臨むようにしましょう。

　以上、教員組織の一員として、校内の同僚教師や関係職員、校外の連携諸機関の専門家との人間関係に配慮しながら、問題解決のプロセスを促進するために主張や議論、質問や確認などの適切なコミュニケーション力が求められます。また、児童生徒のもつ力を引き出し、成長発達を促進するためにも、褒める・認める・励まし・助言を意識して積極的に行い、言語的・非言語的な側面を上手に活用してコミュニケーション力を発揮しましょう。

（原田　恵理子）

ワークシート

1．以下のことについて考えてみましょう。
　担任をしている子どもで、その子と関わっているとどうしても感情的になってしまう、どうもこのタイプは好きになれないという子どもがいます。そこで、先輩教師にどのような対応をしたらよいのか相談してみることにしました。先輩教師に相談するといったロールプレイによる場面対応を演じてみましょう。
・ロールプレイで演じた感想

〈ポイント〉
＊正しい敬語・謙譲語を身につけておきましょう。
＊教師も冷静さを失うことはあります。その時、失った冷静さを回復するための対策をどのように取ることができるのか、教師としてそのようなスキルをもっているかどうかが大事になってきます。

2．【いいところ探し】友人のいいところを3つ以上探し、相手に伝えてみましょう。
できるだけ具体的に伝えてあげましょう。

＿＿＿＿＿＿＿＿さん（　　　　　　　　　　　　　　　　　　　　　　　　　）
＿＿＿＿＿＿＿＿さん（　　　　　　　　　　　　　　　　　　　　　　　　　）
＿＿＿＿＿＿＿＿さん（　　　　　　　　　　　　　　　　　　　　　　　　　）
＿＿＿＿＿＿＿＿さん（　　　　　　　　　　　　　　　　　　　　　　　　　）

〈ポイント〉
＊頑張って取り組んだ熱意に対して小さなことでも言葉にして褒めてみましょう。ポイントは、①目立たないこと、②いつもと同じように継続していること、③結果は今一つだとしても、その人なりに頑張っていたことをさりげなく褒めてあげることです。

もっと深めよう！

子どもたちと良好な関係を築く、あるいはうまく対応するためには、どのような伝え方をしたらよいか考えてみましょう。

例1：「また、忘れ物をしたのか。君はだらしないな。」という言い方を、問題行動は注意するが人間性を否定しない言い方に変えて伝えてみましょう。

例2：子どもの変化に気づいた時、どのような対応をしますか。
　① 眉毛をそり、ピアスを耳にしてきた子どもに対して。
　② 腹痛（あるいは頭痛）で欠席が続いた子どもに対して。

【引用・参考文献】

相川　充（2011）．教師のソーシャルスキル自己標的尺度の構成　東京学芸大学紀要　総合教育科学系I　62, 133-148.

原田恵理子（2013）．学校でうまく機能するために　渡辺弥生・小林朋子編10代を育てるソーシャルスキル教育〔改訂版〕北樹出版

原田恵理子（2013）．高校生におけるネットいじめの実態　東京情報大学紀要, 17, 9-18.

石隈利紀（1999）．学校心理学　誠信書房

河村茂雄（2002）．教師のためのソーシャルスキル——子どもとの人間関係を深める技術　誠信書房

武田明典・村瀬公胤・八木雅之・宮木昇・嶋﨑政男（2013）．教職実践演習のカリキュラム開発——初任者教員のニーズ調査　神田外語大学紀要, 25, 307-330.

学びを深める図書

相川　充（2008）．先生のためのソーシャルスキル　サイエンス社

河村茂雄・深沢和彦・藤原和政・川俣理恵・浅川早苗（2013）．イラスト版　教師のためのソーシ

ャルスキルトレーニング：子どもに思いが伝わりクラスがまとまる話し方・関わり方　合同出版
森山卓郎（2012）．教師コミュニケーション力―場面別・伝えあいの極意―明治図書出版

コラム：教育力の高さ＝児童生徒とのコミュニケーション力の高さ

　教育実習に行くと最初に、「教科指導をしっかり行ってくださいね。」と言われます。実際に行う時間数は決して多くはないはずですが、教材研究から指導案の作成、実際の授業、反省会と教科指導に費やす時間が圧倒的に多くなります。なかには、徹夜に近い状態を1週間続けたという話も聞きます。教育実習では3週間か4週間過ぎれば終わりますが、いざ正規の教諭となると、教科指導はもちろんのこと、クラス経営や部活動指導、さらに分担で行う教務部や生徒指導部の仕事等本当に多くの仕事があります。

　ところで、教員の業務は、広義の校務分掌と狭義の校務分掌に分けられます。広義の校務分掌は、クラス担任や学年主任、各分掌（教務部や進路指導部といった分掌）、部活動顧問、委員会顧問などを指します。一方、狭義の校務分掌は、教務部、生徒指導部、進路指導部、総務部などを指します。

　学校は、教科・学年学級経営・校務分掌（狭義）・部活動など多くの業務を教員集団が重層的にもちあって学校運営に携わっています。時期によっては教科指導に関わる時間よりも校務分掌に割かれる時間の方が多い場合もあります。むしろその方が多いかもしれません。たとえば、高等学校でいえば、新入生が入学してきた直後のオリエンテーションの時期は、授業の準備もやりながら、新入生への事細かな指導や健康診断等やらなくてはならないことが目白押しのため、それだけ多くの教員が準備から実施まで関わらなくてはなりません。

　このような一人の教員がさまざまな役割をもつ制度は日本独特のものです。アメリカなどは、教員は教科指導のみで、部活動は専門の外部講師に任せたり、学校外のクラブチームに加入して、学校の活動とは別に行ったりしています。

　では、なぜ日本ではこのような重層的な業務を教員がやるようになっているのでしょうか。そこには、児童生徒への多様な視点からの理解に基づく指導・支援ができるメリットがあるからだと考えます。限られた時間のなかで、計画的に、しかも効率的に組織的に校務を運営していく方法としては、このような重層的な組織を作り、全職員が協働していく仕組みが必要なのだと思います。

　その大きな前提は、児童生徒理解です。個々の児童生徒の特性や能力を把握するのは、教科指導ばかりではなく、クラス活動や部活動中の言動、委員会活動などでの児童生徒の動き、そして何気ない児童生徒との会話などからです。

　管理職としては、こうした多様な視点からの児童生徒理解とそれに基づくさまざまな活動、教科指導、課題解決に向けた全教職員一致した行動こそが、大きな教育力となり、学校を動かす原動力になると信じています。とくに、生徒指導に関しては、全教職員が力を合わせ、ぶれない指導を徹底することで、学校は落ち着き、学習面だけでなくあらゆる活動が活発になってきます。あの生徒は部活動で後輩の面倒をよく見ていたとか、あの生徒はクラスの係活動で率先して活動していたという情報を、教員全体で共有し、個々の生徒の実態に即した指導を継続することこそ重要なポイントです。ベクトルの共有化が、強い組織であり、教育力の高い学校であると言えます。

　だからこそその原点は、児童生徒とのコミュニケーションに尽きると思います。

（百瀬　明宏）

13 社会性や対人関係力
保護者・地域社会への対応について

前章で児童生徒や同僚とのコミュニケーション力について触れましたが、保護者や地域社会との関係を築く上でも**コミュニケーション力**は欠かすことのできない重要なものになってきます。では良い連携をつくるためのコミュニケーションとは一体どういうものなのでしょうか。また、具体的にどのようなことを心がければよいのでしょうか。

第1節　保護者・地域社会との連携・協働の重要性と意義

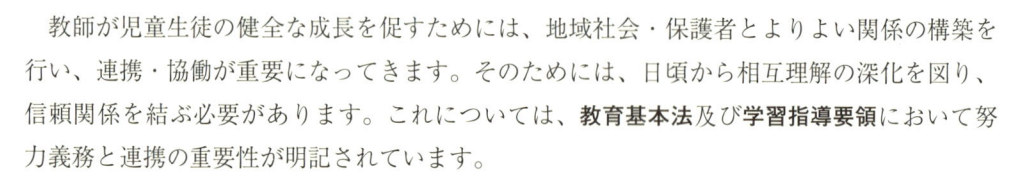

教師が児童生徒の健全な成長を促すためには、地域社会・保護者とよりよい関係の構築を行い、連携・協働が重要になってきます。そのためには、日頃から相互理解の深化を図り、信頼関係を結ぶ必要があります。これについては、**教育基本法**及び**学習指導要領**において努力義務と連携の重要性が明記されています。

　教育基本法第13条：「学校、家庭及び地域住民その他の関係者は、教育におけるそれぞれの役割と責任を自覚するとともに、相互の連携及び協力に努めるものとする」
　学習指導要領「総則」「第4　指導計画の作成等に当たって配慮すべき事項」：「学校がその目的を達成するため、地域や学校の実態等に応じ、家庭や地域の人々の協力を得るなど家庭や地域社会との連携を深めること」

とくに保護者は、児童生徒の成長を支援する上で重要な**ソーシャルサポート**（社会的資源）であり、パートナーにもなります。児童生徒をこれまで育ててきたということに敬意をはらい、保護者のもつ「親としての力」を信じて、目の前にいる児童生徒の成長を「今、ここから」一緒に支えていくことがとても重要になってきます。

第2節　保護者や地域社会と関わるソーシャルスキル

子どもを支援していく時、保護者はもちろん、地域社会の人とも互いに気持ちの良いコミュニケーションができることは非常に重要で、基本的なスキルは以下の通りです。

1. 挨拶のスキル

教師の挨拶は、安心感を与える大切なかかわりのひとつです。なかでも、年度はじめや朝の対応など保護者と会った時の最初の一言は重要になってきます。挨拶のポイントは声・表情・姿勢・距離の4つです。①声の大きさは元気よく、相手に聞こえる大きさで伝えます。②悲しい顔、沈んだ顔、眉間にしわを寄せた怒った顔の教師では、不安を与えてしまうことになりかねません。教師のあたたかい表情・笑顔は、安心感を与えることにつながるため、

にこやかな明るい笑顔で接するように心がけましょう。③また、腕を組む、作業を続けて体や顔を保護者に向けない、といった姿勢は極力避け、忙しくても作業はいったん止めて体や顔を保護者に向け、喜んで受け入れているという気持ちの表れを姿勢でも伝えましょう。そして、④教師が遠い所から挨拶をしても相手に声が届きにくく、態度や表情が直接的に伝わりにくいです。そのため、相手に適度に近づいて挨拶することが大事になります。さらに、挨拶に一言加えることで、より関係を深めたいものです。保護者には、児童生徒が学校で活躍する姿や頑張っている様子を具体的に伝えるのもよいでしょう。このような教師の挨拶は、保護者が安心するだけでなく、教師に対する信頼につながります。年度はじめの慣れない頃は、保護者の顔と名前が一致していないこともあるかもしれませんが、すべての保護者に「おはようございます」など挨拶をしましょう。これは、年度はじめに抱く保護者の不安、保護者と教師の関係づくりへの対応の一つにもなります。時には、挨拶をしない保護者がいるかもしれません。しかし、「声をかけられるのがいや」というわけではなく、するのを忘れる、考え事をしている、急いでいる、体調が悪いなどの事情があるかもしれません。また、自分から進んで挨拶をするのに抵抗や迷いがある場合も考えられます。教師から積極的に挨拶し、コミュニケーションをとるよう心がけましょう。学校に来て、教職員からまったく声がかけられない場合、不安や不満を抱かせてしまう懸念があります。

2. 自己紹介する

年度はじめ、保護者会、授業参観など、保護者に自己紹介をする場面があります。とくに、年度はじめは誰が担任になり、この先生は一体どんな人なのかといったことがとても気になります。保護者に教師自身について知ってもらい信頼関係を構築するためにも、自己紹介は教師の人柄を知ってもらえる貴重なチャンスです。自己紹介は信頼関係を築く絶好の機会とし、名前・自分の特徴・会話のネタ・結びの4つのポイントを押さえて行いましょう。①最初に名前を言い、②次に、「子どもと過ごしている時間がとても好き」「ケーキには目がない」「けん玉が得意」など、自分の特徴を入れます。そして、③会話のネタを入れます。たとえば、学級をどのような雰囲気にしたいのか、教師として児童生徒に関わる上で大事にしていること、など教師自身の思いや熱意を語りかけます。この時、ポイントをいくつかに絞って具体的な提案として主張すると保護者に伝わりやすいです。最後に、④「よろしくお願いします」など結びの言葉を添えます。教師経験が浅いとしても、情熱をもって熱心に取り組んでいる姿勢が伝わると保護者も安心してくれます。

3. 電話を受ける・かける

学校には、保護者や外部の人から電話がかかってきます。また、教師から保護者へ連絡を取る場合もあります。電話は、すぐに連絡が取れるといった便利さがある一方、相手の様子や表情、雰囲気が見えず、声をたよりに話を進めなくてはならない難しさがあります。ポイントを絞って、用件を簡潔に話すよう心がけましょう。電話がかかってきた場合、①学校名と自分の名前を名乗ります。相手が名乗らなければ、「失礼ですが、どちら様でしょうか？」

と確認します。②そして、用件を最後まで聞きます。この間、必要事項は必ずメモを取るようにしましょう。③相手が話を終えたら、「……風邪のためお休みですね。」と復唱します。この場合は「お大事になさってください」など、相手を思いやる言葉をつけ加えるのもよいでしょう。また、保護者からの依頼や苦情の場合もメモを取り、復唱した後で担任に伝える、後日きちんと会って話を聞くことを約束するなど、真摯な態度で接します。④電話を終える場合、「失礼します」など、電話を終える挨拶をしてから、そっと受話器を置きます。電話をかける場合も、①学校名と自分の名前を名乗ります。ただし、この時、相手は作業を中断して電話を取っているかもしれないので、②「今、お話をする時間をいただいてよろしいですか？」など、相手の都合を聞くことを忘れないようにします。了解を得たら、③ここではじめて用件を伝えます。この時、伝え忘れをしそうであれば、事前に伝える内容をメモに書いておくとよいでしょう。用件が終われば、「それでは失礼します」と話を終え、相手が電話を切った後に受話器を置きます。内容によっては、電話ではどうしても伝えきれないことや対応が不十分になることが出てきます。保護者との電話であれば、顔を見た時に再度、内容の確認をする、別の日に会う約束をするなどをしておくと、より丁寧な対応になります。

4．保護者への尊敬と敬意

保護者にはさまざまな立場の方がいる上に、教師よりも年上の方がいることもあります。また場合によっては、「もう少し〇〇してほしい」といった協力、要求の多い保護者がいるかもしれません。しかし、どのような状況の保護者であっても、子どもをここまで大きく育て、今もなお、子どもに向き合っていることには変わりはありません。そのような保護者に対応する時は、緊張や不安を感じる場合もあるでしょうが、相手を尊重し、敬意をはらった言葉遣いをするように心がけたいものです。

5．困難な事態への対応

保護者が怒って無理な要求をしてくると、その対応に戸惑ってしまいます。その時は、保護者の言葉や態度に動揺せず、保護者が何を訴えようとしているのか、冷静に状況を見て、対応します。そのためには、その言葉や態度に振り回されず、言われた通りにならないことが大事です。怒りにまかせて感情をぶつけてくる、本意ではない行動をとってしまうという保護者も時にいます。まずは、保護者・教師が「児童生徒のことを第一に考える」という視点に立ち、一緒に子どものために考え支えていく姿勢を伝えます。すると、保護者の怒りや不満が取り除かれ、解決に向けた方向性が見えてきます。そこで、以下の「対応のポイント」に配慮して対応しましょう。

①訴えを整理する：保護者の話す内容を整理し、何を訴えているのかを見極めます。怒りが強い時には、今の話だけでなく過去に起きたことも含めて話をしがちです。すると、保護者自体が何を言いたいのか、何を言っているのかがわからなくなってしまうことが生じやすいです。当然、聞いている教師も同じです。このような状況にならないためにも、保護者の話のなかで、事実と事実ではないところ、大げさに話がふくらんでいるところを分け、きち

んと事実を確認し、保護者が何を訴えたいのかを聞きとっていくようにしましょう。

②共感の姿勢：保護者の話を聴いている時に、「そうですね」という受け答えをすると、考えを受け入れられた、と受け取られやすいです。あいづちをうちながら話を聞く時には、「そうですか」と応じ、「○○さんのお考えはわかりました」「きちんと最後まで話を聞いてから、○○さんが言いたいことは伝わりました」という共感の姿勢を伝えましょう。

③無理な即答をしない：即答できることはその場で答えますが、教師ができないことやわからないこと、保護者の感情が高ぶっている場合は、その場で答えずに後日返事をするといった確認を伝えます。事実関係がわからない、保護者が興奮して冷静に話しあえない、などの時に話を進めても、解決方法が見つからない、解決方法が適切ではない、ということがあります。お互いが納得し、気持ちのよい方向性を考えていくために、時には「時間が熟す」ことも必要で、第三者に入ってもらって解決を探ることも必要になります。状況が困難な場合、一人で抱え込まず、速やかに学校長や主任などの責任者に相談しましょう。

④同席の話しあい：経験が浅く、保護者との話し合いに不安を感じる場合、学校長や主任などの責任者に同席してもらうのも方法の一つです。同席してもらうと、経験者のやり方を見ることができる、助け船を出してもらえる、参加者全員で一緒に考えることもできます。また、「言った」「言わない」などの、保護者と教師の食い違いや誤解も防ぐことができます。困難な内容、クレームの多い保護者に対しては、同席で話し合いに臨んだ方がよいかもしれませんので、事前に管理職へ相談をしましょう。

⑤話しあいの時間：話し合いは、保護者も教師も貴重な時間を費やして行います。長くても１時間程度、ある程度の時間を区切って話しあうことを双方が了解してから、話を始めることが重要です。長く話したからと言って解決するとはかぎらず、終わりの時間がないとダラダラする、余計な話に発展する、といった場合もあります。長引きそうな時は、時間で区切って終わりとし、次の話しあいの日時を設定します。時に、夜遅い電話、恫喝などがあっても毅然とした態度で臨み、「大変申し訳ないが学校として決まっていることなので、私にはそのことができかねます」と学校組織の一職員として伝える言い方もあります。

6. 連絡帳や手紙を活用する

連絡帳や手紙は、児童生徒の成長の気づきや要望、感想などを伝えることにより、教師と保護者との信頼関係を築くという重要な役割をもっています。そのため、保護者が読んで不安になる、不満を抱く事柄に関しては書くことを避け、児童生徒のがんばる姿や成長した姿など学校生活における肯定的場面を伝えます。その際のポイントは、以下の３つです。①「強化子」「愛着」などの専門用語は避け、文章は簡潔に書き、誤字脱字に気をつけます。書き終えた後は、必ず見直しをしましょう。②児童生徒の様子を伝える時に、「～しません」「～できません」といった否定的な文章は避け、「～より～が好きなようです」「ここまで～ができるようになりました」と肯定的で柔らかい表現にします。③保護者から質問や返事を求められた場合、できるかぎり早く対応します。連絡帳に書けない時は、その理由を書き、保護者と行き違いがないよう、不安を与えない配慮をします。もし、悩みや相談が書かれていた

場合、なるべく直接会って話し、解決に向けて応じるようにしましょう。

　このように、児童生徒の健やかな成長・発達を支えていくためには、保護者・地域社会と教師の連携は必要不可欠です。この連携は、日頃からのコミュニケーションの積み重ねが重要で、児童生徒を取り巻く環境整備と支援体制の構築にもつながっていきます。教師のコミュニケーションの適切なあり方が家庭と学校の関係を良好にすることからも、教師は教科の専門性の向上に加えて、コミュニケーション力も磨いていく必要があるといえます。そのため、普段の言葉遣いを見直して正し、語彙を増やして表現を豊かにすることを日常生活で意識的に用い、コミュニケーション力を精錬させていくことが求められます。

（原田　恵理子）

ワークシート

＊保護者への対応について考えてみましょう。

　連続で欠席した児童生徒の保護者から、「風邪で欠席と連絡していたのですが、実は学校に行きたくないと休みました。友だちとトラブルがあったようで・・。先生に相談したらと勧めるのですが、本人はいやだと言います。どうしたらいいでしょうか」と学級担任に連絡がきました。このような電話を受けた時、学級担任としてどのように対応すればよいでしょうか。ロールプレイによる場面対応を演じてみましょう。

　　ロールプレイで演じた感想　　演じた役（　　　　　　　　　）

〈ポイント〉
＊演じた役割で生じた気持ち、考えは大事な気づきです。実際に対応する時、相手の気持ちを汲みその人の立場を考慮しながら問題解決をすすめていきましょう。
＊保護者からの要望や苦情などに対する基本的知識と問題解決に向けた具体的な対応策について、復習しておきましょう。

> **【もっと深めよう！】**
>
> 　保護者・地域住民への対応について、以下の事例について教師と保護者（地域住民）の役を決めてロールプレイによる場面対応を演じてみましょう。
>
> 事例1：保護者から「子どもが学校に行きたくないとぐずっていて心配だ」と朝の職員室に電話がかかってきた時、どのような対応をしますか。
> 事例2：言動が気になる子どもの保護者と連絡をとって話をしたいと考えています。保護者に電話をする時、どのような対応をしますか。
> 事例3：PTA活動の一環で保護者が校内で打合せをする日に、学級に所属しない児童生徒の保護者に廊下で会いました。この時、どのような挨拶をしますか？
> 事例4：年度はじめの一回目の保護者会。自己紹介をしてみましょう。
> 事例5：「登下校の道路の歩き方が悪いので指導してほしい」と地域住民から電話連絡が入りました。この時、どのような対応をしますか。

【引用・参考文献】

原田恵理子（2013）．高校生のためのソーシャルスキル教育
原田恵理子（2008）．保護者とかかわるソーシャルスキル　渡辺弥生編　絵本で育てるソーシャルスキル　明治図書出版
文部科学省（2005）．教育基本法　第13条家庭及び地域住民等の相互の連携協力
　http://www.mext.go.jp/b_menu/kihon/houan.htm
文部科学省（2008）．中学校学習指導要領総則解説編　ぎょうせい
文部科学省（2009）．高等学校学習指導要領総則解説編　東山書房
文部科学省（2011）．生徒指導提要　教育図書

学びを深める図書

河村茂雄（2007）．教師のための失敗しない保護者対応の鉄則　学陽書房
楠凡之（2008）．気になる保護者とつながる援助——「対立」から「共生」へ　かもがわ出版
島崎政男（2005）．"困った親"への対応——こんなとき、どうする？　ほんの森出版
小野田政利（2006）．悲鳴をあげる学校——親の"イチャモン"から"結びあい"へ　旬報社
小野田政利（2008）．親はモンスターじゃない！——イチャモンはつながるチャンスだ　学事出版

コラム：学校と保護者・地域住民の支えあいを目指して

「保護者との話題に困ったら、子どもをほめなさい」。若い頃、勤務校の教頭先生に教えられたノウハウです。もちろん、むやみに子どもを持ち上げ、お世辞を言えということではありません。一人ひとりの児童生徒を取り巻く状況や課題を見すえて、保護者と力を合わせて対応していくことの大切さを述べた言葉と理解すべきです。

近年、学校行事やPTA活動だけでなく、児童生徒の地域学習やインターンシップの受け入れ、学校ボランティアや総合の時間における外部講師としての協力、学校評議員や学校運営協議会の構成員としての参加など、保護者・地域住民に学校の教育活動への協力を求める機会が増加しています。

保護者や地域住民に参加を求める際、教員は、ともすると、その参加が教員や学校にもたらす効果を第一に考えがちです。もちろん、学校の教育活動に貢献することは、保護者や地域住民にとっても望むところでしょう。しかしそれに甘えて、学校への一方的な貢献だけを期待して終わってしまっては、保護者・地域住民と教員の協力関係は十分なものにはなりません。

学校・教員に協力することが、保護者や地域住民自身にとってもプラスの結果を生むように配慮することが必要です。一例をあげれば、学校行事などへの協力を通して、保護者や地域住民が達成感や充実感を感じ、自己の経験の蓄積や技術の向上を確認できることが大切です。そのためには、その行事などについてのPDCAサイクルのなかで、保護者や地域住民にとってはどのような課題や改善点があるのか、それに対してどのような対策をとるべきなのか、保護者・地域住民とともに考える姿勢をもつなど、教員にはさまざまな工夫が求められます。

さらに、保護者・地域住民が学校に協力するという方向だけでなく、逆方向の協力、すなわち学校から家庭や地域に向けた活動を組織することにも、可能なかぎり取り組むことが重要です。たとえば、祭りなど地域の行事や、まちづくりのためのボランティア活動などに、児童生徒とともに教員が参加することによって、教員自身も地域を構成する一員であることを実感することができます。そのような活動を通して教員自身が成長すると同時に、保護者や地域住民もまた教員や学校への親近感を増すことになるでしょう。教員と保護者・地域住民のあいだで、互いに出かけ／出かけられる活動を重ねることによって、学校と保護者・地域住民が互いに支えられる存在となることを目指したいものです。

教員のなかには、学校内にのみ目を向け、保護者や地域住民との関係づくりに消極的な傾向が見られることがあります。確かに学校内において日々の仕事は山積しており、その点に目を奪われると、保護者・地域住民と話し合ったり地域に出かけたりすることは、負担増に見えるのかもしれません。しかし、保護者や地域住民の支援が教員の日々の教育活動の大きな支えとなることは、これから教員生活を過ごしていくなかで、あらためて実感することでしょう。保護者・地域住民の支持があってこそ、教員は安心して児童生徒の教育活動に専念することができるのです。

学校と保護者・地域住民とのあいだに互いに支えあう関係をつくるためにも、教員には、コミュニケーションスキルを磨き、コミュニケーション力を鍛えていくことが求められています。

（渡邊　健治）

14 教師としての使命感・責任感、倫理観、教育的愛情

　前章まで教科等の指導・生徒指導　学級経営、社会性や対人関係について学んできました。これらは教師として欠かすことのできない能力です。さらに本章では、教師として身につけておきたい使命感、責任感、倫理観、教育的愛情とは、いったいどういう資質・能力かをみていきます。現職の教員、教育委員会、文部科学省、外国ではどのように考えているでしょうか。また、それらの資質・能力を身につけるために具体的にどのようなことを心がければよいのでしょうか。

第1節　現職の教師が求める資質・能力

　使命感・責任感、倫理観、何よりも教育的愛情がなければ教員は務まりません。長年、小学校教員をやってきた筆者の実感です。「小学校教師が求める資質・能力に関する考察」(中田, 2009)によると、新人教師、現職校長、退職校長の3世代の小学校教師として「ぜひ身に付けたい資質・能力」のうちで、教師の使命感等に関する項目は次の3つが高い回答率を示しています。
　① 児童の能力を伸ばす教師の仕事に熱意と使命感をもっている。
　② 児童を慈しむ温かい心をもち、明るく前向きに接している。
　③ 明るく、情緒的に安定し、困難に直面してもそれを乗り越えようとする強い意志がある。
同様に、「教師になる前（大学卒業時点）に身に付けさせるべき能力」で新人教師が回答した項目は①と③の他に次の項目があります。
　④ 幅広い知識を有するとともに、広く社会の出来事に関心をもち、さまざまな視点から物事を考えることができる。
　このことから、多くの教師が、「教師としての使命感、責任感、教育的愛情」を教師に求める資質・能力であると考えていることがわかります。

第2節　教育委員会が求める教師像

　一部の区市町村をのぞいて、公立小中学校教員採用を行うのは都道府県教育委員会です。都道府県教育委員会では、どのような教師を求めているのでしょうか。文部科学省が調べた「平成22年度に実施された教員採用選考試験の募集要領等に記載された教育委員会が求める教師像より抜粋」資料（文部科学省, 2001）を見てみましょう。66の教育委員会中61の教育委員会は「教科等に関する優れた専門性と指導力、広く豊かな教養など」を求めており、50の教育委員会は「教育者としての使命感、責任感、情熱、子どもに対する深い愛情など」を、44の教育

委員会は「豊かな人間性や社会人としての良識、保護者、地域からの信頼など」を求めています。

以上の調査結果から、「教科等に関する優れた専門性と指導力」を61の教育委員会が求めており、「教育者としての使命感、責任感、情熱、子どもに対する深い愛情など」は、各教育委員会が求める教師像であることが示され、現場で活躍する現職の教師が求める教師像と一致することからも、新規採用の教師にも求められているといえます。

内容をさらに詳しく見てみると、「教師としての使命感」を47教育委員会が求めており、「教師としての情熱」を26教育委員会、「子どもへの愛情」を25の教育委員会、「教職に対しての責任感」を8教育委員会があげています。47の教育委員会があげている「**教師としての使命感**」については、教育基本法にその具体的内容が明記されています。使命の自覚と職責の遂行は法律で定められています。

> 第二章　第九条（教員）「法律に定める学校の教員は、自己の崇高な使命を深く自覚し、絶えざる研究と修養に励み、その職責の遂行に努めなければならない。」

「崇高な使命」の内容は次のように定められています。

> 第二章　第五条（義務教育）「義務教育として行われる普通教育は、各個人の有する能力を伸ばしつつ社会において自立的に生きる基礎を培い、また、国家及び社会の形成者として、必要とされる基本的な資質を養うことを目的として行われるものとする。」

同時に、教育基本法は教員に研修の義務を課すことが示されています。

> 第二章　第九条（教員）②「前項の教員については、その使命と職責の重要性にかんがみ、その身分は尊重され、待遇の適正が期せられるとともに、養成と研修が図られなければならない。」

日本国憲法第26条には教育を受けさせる権利を保証し、教育の義務について定められています。

> 第二十六条（教育を受ける権利）「すべて国民は、法律の定めるところにより、その能力に応じて、ひとしく教育を受ける権利を有する。
> ②すべて国民は、法律の定めるところにより、その保護する子女に普通教育を受けさせる義務を負ふ。義務教育はこれを無償とする。」

教師は、崇高な使命をもっていることを忘れてはなりません。その使命感と職責の重要性から、教師の身分は尊重され、待遇の適正がきせられているのです。同時に常に研修に努め指導力の向上を図ることも義務づけられています。

第3節　教師の資質・能力——不易と流行

いつの時代にも求められ、脈々と受け継がれ、大事にされてきた**教師の資質・能力**とはどのようなものでしょうか。また、時代の変化に合わせて身につけなければならない教師の資質・能力とはどういうものでしょうか。

1．いつの時代にも求められる教師の資質・能力

平成18年7月の中央審議会答申「今後の教員養成・免許制度の在り方について（答申）」

では、いつの時代にも求められる資質・能力について、以下のように示されています。
　「教育者としての使命感、人間の成長・発達についての深い理解、幼児・児童・生徒に対する教育的情熱、教科等に関する専門的知識・広く豊かな教養、これらを基盤とした実践的な指導力等」
　上記の教師の資質・能力に関する文言は、昭和62年12月教育職員養成審議会の「教員の資質・能力の向上方策等について」の「はじめに」に示された内容がもとになっています。同文の「はじめに」には、次のような前書きがあります。
　「学校教育の直接の担い手である教員の活動は、人間の心身の発達にかかわるものであり、幼児・児童・生徒の人格形成に大きな影響を及ぼすものである。」
　以上のことから、いつの時代にも求められる**教師の資質・能力**は、「①教育者としての使命感、②人間の成長や発達についての深い理解、③幼児・児童・生徒に対する教育的愛情、④教科等に関する専門的知識や広く豊かな教養、⑤①〜④を基盤とした実践的能力」ととらえることができます。

2. 今後求められる教師の資質・能力

　平成18年7月の中央教育審議会答申「今後の教員養成・免許制度の在り方について（答申）」では、今後求められる資質・能力について、以下のように示されています。
①地球的視野に立って行動するための資質・能力（地球、国家、人間等に関する適切な理解、豊かな人間性、国際社会で必要とされる基本的資質能力）
②変化の時代を生きる社会人に求められる資質能力（課題探求能力等に関わるもの、人間関係に関わるもの、社会の変化に適応するための知識及び技術）
③教員の職務から必然的に求められる資質能力（幼児・児童・生徒や教育の在り方に関する適切な理解、教職に対する愛着、誇り、一体感、教科指導、生徒指導等のための知識、技能及び態度）

　さらに、上記の答申では、「得意分野を持つ個性豊かな教員」として、「画一的な教員像を求めることは避け、生涯にわたり資質・能力の向上を図るという前提に立って、全教員に共通に求められる基礎的・基本的な資質・能力を確保するとともに、積極的に各人の得意分野づくりや個性の伸長を図ることが大切である。」と示されています。
　これからの時代に生きる幼児・児童・生徒の教育を担う教師には、「①生涯にわたって学び続け、②積極的に得意分野づくりに努め、③個性の伸長を図ること」と、画一的な教師像を求めることを避けて、地球の未来を担う幼児・児童・生徒の教育を創造的に実践する教師が求められています。
　そして、平成24年8月に中央教育審議会から答申された「教員の資質能力の向上の方策」で、教師を取り巻く学校や社会の現状と課題について、次の3点をあげています。
・21世紀を生き抜くための力を育成するため基礎的・基本的な知識・技能の習得に加え、思考力・判断力・表現力等の育成や学習能力の向上に対応した指導力を身につけることが必要である。
・学校現場での高度化・複雑化する教科指導、生徒指導、学級経営等の職務に的確に対応すべく、教員養成段階における実践的指導力の育成強化が必要である。

・教育委員会と大学との連携・協働により教職生活全体を通じた一体的な改革、つまり“学び続ける教員”を支援する仕組みを構築することが必要である。

以上の内容から社会の変化に対応して子どもに生き抜く力を育成できる「**学び続ける教員**」が、とくに求められています。

教職実践演習(小学校)

記入日　　月　　日

「教員としての使命感・責任感・倫理感・教育的愛情」ワークシート

学籍番号		氏　名	
(課題) 教員としての使命感・責任感・倫理感・教育的愛情の自己の課題を明確にし、課題解決のための具体策を確認する。			

(1)　めざす教師像にせまるための自己の課題

資質・能力の項目	自己の課題
A　使命感・責任感・について 誠実、公平かつ責任を持って子どもに接し、共に成長しようとする意識を持って指導に当たることができるか	
B　教師としての倫理感について 高い倫理と規範意識、困難に立ち向かう強い意志を持ち、自己の職責を果たすことができるか	
C　教育的愛情について 子どもの成長や安全、健康を第一に考え、適切に行動することができるか	

(2)　上記（1）についてグループで意見交換後に見えてきた具体的策

図 14 ― 1　ワークシートの例「教員としての使命感・責任感・倫理感・教育的愛情」

「教員としての使命感・責任感・倫理感・教育的愛情」自己評価シート

教員の求められる資質、能力の「教員としての使命感・責任感・倫理感・教育的愛情」について理解を深めることができたか、自己評価しよう。

資質・能力項目	自己評価	感　　想
使命感・責任感について	A B C D	
教師としての倫理感について	A B C D	
教育的愛情について	A B C D	

A　かなり深めることができた
B　ある程度深めることができた
C　少し深めることができた
D　変わらなかった

図 14 ― 2「教員としての使命感・責任感・倫理感・教育的愛情」自己評価シートの例

第４節　諸外国で求めている教師の資質・能力

アメリカでは、1983 年 4 月に連邦教育省長官諮問委員会が「危機に立つ国家」を発表しました。アメリカの国際競争力の低下の要因の 1 つが学校教育にあるとして、教育改革の柱として、優秀な教員の養成を目指しています。優秀な教師として、①指導教科に関する知識を十分に身につけている教師、②高い技能を有する教師をあげています。さらに専門職としての地位を確立し、教職をより多くの人たちにとって魅力あるものにしようとする取り組みの 1 つとして「優秀教員認定制度」を設けて、地位の向上と質の向上をはかることとしました。

イギリスでは、教師の質の向上を目指して「優秀教員賞」を与えています。この取り組みは、表彰を通じて優れた教育実践の普及や専門職としての教師の地位向上を目的としています。優秀教員賞を授賞する観点は、①児童の教科や社会面での潜在的能力を発揮できるよう鼓舞している、②学習に対する情熱と指導の才能を示している、③特別のニーズをもつ児童生徒が能力を十分に発揮できるよう指導している、④持続可能な施策と行動を促進している、⑤生徒の願いを引き上げ、あらたな目標を支援するなどがあります。

フランスでは、国家公務員である「教員に求められる職能」として10項目あげています。①倫理的で責任ある行動、②学習指導や意思疎通のためのフランス語の修得、③教科内容の習得と十分な一般教養の保持、④学習指導の立案実施、⑤学級における学習活動の組織化、⑥児童・生徒の多様性に対する配慮、⑦児童・生徒の評価、⑧情報通信技術の習得、⑨同僚との協調ならびに保護者および外部協力者との協力、⑩自己形成と指導技術の改革の10項目です。

　ドイツでは、2001年に公表されたOECD「生徒の学習到達調査（PISA）」の不振な結果に大きな衝撃を受け、学校教育の改善を目標に、2004年に「教員養成スタンダード」として、①授業する教員は教育の専門家である、②教える教員はみずからの教育的課題を果たす、③判断する教員は自らの判断する役目を公正かつ責任感をもって遂行する、④刷新する教員は自らの能力を絶えず向上させて続けることをあげ、教員の養成に力を注いでいます。

　4つの国に共通して言えることは、教育の専門職として高い水準の職能を有し、その責任の遂行が期待され、「学び続ける」教師像が求められていることです。
　　　　　　　　　　　　　　　　　　　　　　　　　　　　　　　　（藤平　洋子）

【もっと深めよう！】

① 教師の「使命」とは何ですか。そのことについての法的背景を用いて説明しましょう。

② 教育愛について、あなたはどのように考えていますか。具体的な例を示して述べなさい。

③ あなたは一言でいうとどのような教師を目指していますか。その理由も述べなさい。

【引用・参考文献】

宇田正弘（2009）．小学校教員が求める資質・能力に関する考察——3世代教師の意識の共通と差異をもとに　帝京大学教育学部紀要

文部科学省（2001）．都道府県・指定都市教育委員会が求める教員像　教員の資質・能力向上特別部会　基本制度ワーキンググループ　第1回配付資料5-3

　関連資料　平成22年度に実施された教員採用選考試験の募集要領等に記載された教育委員会が求める教員像より抜粋（文部科学省調べ）

学びを深める図書

文部科学省生涯学習政策局調査企画課（2010）．諸外国の教育改革の動向——6か国における21世紀の新たな潮流を読む　ぎょうせい

コラム：教員にとっての必須アイテム5

　教師になりたいと夢を抱いているみなさんは、数年後には「『かわいい子どもたち』と一緒に楽しい生活」と夢が広がっているでしょう。しかし、現実にはそんなに子どもたちは甘くはありません。子どもたちをかわいいと思うだけでは、教師という仕事は続きません。「子どもっておもしろい」と思えるようになったら教師生活も充実してくるでしょう。

　以下に、私の長い教員生活を通して見えてきた、教員として存在するためのコツを【教員必須アイテム5】として紹介しましょう。

- その1　クラスでもっとも気になる子ども、1人から見ましょう。

　30人余りの子どもたちの担任になるわけですが、はじめから30人余りの子どもを見ることは不可能です。そこで、まずもっとも気になる子は誰か見極めます。そして1人を決めます。その子が改善するよう手立てを講じ、成果が出てきたら、その子のまわりの同じ傾向の問題を抱える子どもにも適用します。そういう子は必ず5〜6人いるものです。1人に対応できるようになったら次に気になる子を見ます。これをくり返すことで、30人余りの子どもたちが見られるようになっていきます。決してあわてないことです。

- その2　「学校はまちがうところだ。まちがいから学べ」と説きましょう。

　子どもは、まちがうから学校に来ています。学校でまちがい、どうすれば正しい答えが得られるか考えるなかで、成長します。まちがうことより、まちがうことを恐れてチャレンジしないことの方が不幸だと教え、まちがいから学ばせましょう。まちがえた子どもを勉強のタネをくれた子として、ヒーローにできたら大成功です。チャレンジした子をたくさん認め、育てましょう。

- その3　小さな変化も見逃さずに認め、伝えましょう。

　目標達成に至るまでには根気が必要です。達成できなくても開始前よりは変化しています。子どもは自分の変化には意外と気づきにくいものです。そこで、その小さな変化を認め、伝えてやることが必要です。この一言が、モチベーションを上げます。

- その4　「どの子もまっすぐ伸びようとしている」と信じましょう。

　自分から悪い子になりたいと思っている子はいません。どの子も今日より明日は成長していたいと思っています。悪くなるのは周りの環境が原因だと考え、改善を試みることが必要です。何度も何度も根気よく、決して見捨てることなく取り組みましょう。

- その5　いろいろなことをおもしろがってやりましょう。

　仕事は何でもおもしろがってやりましょう。やってみると意外な結果が出たり、自分のあらたな才能に気づいたりします。教師が楽しくなければ、子どもが楽しいはずがありません。マイナスもプラスにしてしまう逆転の発想が大切です。どんな時でも笑いを忘れない強さが必要です。神様はその人が乗り越えられない試練は与えない、といいます。

　人との出会いが、人生の転機になることは、思いのほか多いものです。その出会いは、まずは両親です。次は多分教師でしょう。いいにつけ悪しきにつけなんらかの影響を与えるといってよいでしょう。教師の生き方、考え方、言動すべてが子どもたちにとっての教育環境なのだということを心に置き、真剣に、そしておもしろがって存在すること。これが決め手です。

　　　　　　　　　　　　　　　　　　　　　　　　　　　　　　　　　　　　　（小松　礼子）

まとめ
15 教師の力量とキャリア形成
——自己成長の重要性——

　教師となるための学びの集大成を目的として「教科・保育内容などの指導力に関する事項」「幼児児童生徒理解や学級経営などに関する事項」「社会性や対人関係能力に関する事項」「使命感や責任感、教育的愛情等に関する事項」の4つの柱を中心にこれまでの章で学びの再確認・再認識をしてきました。この章では本書のまとめとして、教師の発達と力量形成、教師としての**キャリア形成**、**探究力**と**反省的省察力**、心身の健康の視点から今後の「**自己成長**」について考えてみましょう。

第1節　教師の発達と力量形成

　教員免許状を取得し教員採用試験を通過して「教師」になることがゴールではありません。教師となるスタート台に立っただけです。むしろ教師になってから日々の研究・研修を積み重ね、教師の力量を形成していくことが重要になってきます（教育公務員特例法第4章）。つまり、日々の実践のなかで**反省的省察**を行って実践知を蓄積し、よりよい実践をするために自己形成をするなか、教師としての力量を向上させていくことが重要になります。なかでも、初任時に先輩教師と組み、指導を受けることから学ぶ授業づくりは、特定の知識や技能の習得だけに還元されるものではありません。その教師としての力量形成は、先輩教師や同年代教師との関係のなかで身についていきます。それらの関係での経験は単に模倣するのではなく、この先生はこの場面でどう考えるだろうか、この先生はこの時どのように児童生徒に声をかけるのかといったように授業展開、発問など授業のあり方や授業全体の流れといったことを考え、授業イメージする作業を行います。とくに、教師の専門性の中核である授業は、授業の構想・教材研究・具体的な展開などを先輩教師から模倣し、実際の授業で実践をくり返していくなか、先輩や同僚教師から助言・指導を仰ぐなど、学習の機会としてみずからの教師としてのスタイルを構築していくことが可能になります。同時に、実践を通して学ぶ知だけでなく、教科の専門性、教育方法、児童生徒の学習過程や発達段階、学級集団の力動や授業の展開などを支える理論を学びます。そして、実践と理論を往還し、実践に対する謙虚な姿勢と柔軟性、向上心、探求心を常にもって臨むことも身につけていきます。つまり、教師の力量は生涯にわたる「研修」を通じて形成され、それぞれにかけがえのない教師としての歩みを進めていきます。同時に、教えることの専門家である教師は学びの専門家にもなって教師自らが教育の専門家として「学び」を経験し、児童生徒に示すことで児童生徒の「学び」のモデルになっていくといった重要な視点もあります。

第2節　教師としてのキャリア形成

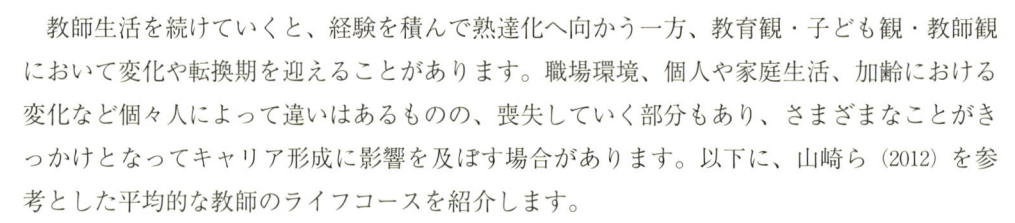

　教師生活を続けていくと、経験を積んで熟達化へ向かう一方、教育観・子ども観・教師観において変化や転換期を迎えることがあります。職場環境、個人や家庭生活、加齢における変化など個々人によって違いはあるものの、喪失していく部分もあり、さまざまなことがきっかけとなってキャリア形成に影響を及ぼす場合があります。以下に、山崎ら（2012）を参考とした平均的な教師のライフコースを紹介します。

　第一期：初任期前期（入職後約5年）　初任期の職業への参加は、教師としての適応への生き残りをかけ、自らの可能性や適性を見出す課題をもちます。教師になる前に抱いていた教師像、教師と生徒の関係、学校教育について理想と現実の違いにリアリティショックを受けますが、そのショックを抱えながら無我夢中で試行錯誤の実践に取り組みます。この時期は自身が受けてきた学校体験によって形成されたモデルやイメージに基づいて教育を実践する傾向にあります。3年目くらいになると教師の仕事が大まかにつかめ、特定の場面や状況に応じた方略的な知識が習得されます。そして、試行錯誤や困難な経験、達成感や満足感などを通して、教育観や子ども観、仕事観に対する深い見方と知見の獲得に結びつきます。

　第二期：初任期後期（入職後5～10年）　初任者前期の課題を乗り越え、入学から卒業までの学年を一巡（小学校6年、中学校・高等学校3年）することにより、学校と児童生徒の様子が見えてくるようになります。気持ちにも余裕が出てきて、教師集団の中に自分の居場所を見つけて安定し、自身の教師としての課題や向上心に向きあおうとする姿勢も芽生えます。授業では、重要な点とそこで何をすべきかを意識的に選択し、優先順位をつけられるようになります。また、教師としての仕事の意味を再確認し、実践をより確かで豊かなものにしたいという思いから勉強会・研究会などへ参加するようにもなり、教育実践の工夫に力を注ぎ、教師生活をどう過ごすべきかといった「今後」についても考えるようになっていきます。教師の責任という自己意識が強くなります。

　第三期：中堅期（20代後半～40代前半）　15～20年ほどの経過を経て教師としての自己を育て、一通りの職務が遂行できる技能と態度の習得、教師としてのスキルを身につけ、一人前の教師になっていきます。経験による直観や教育の専門家としての専門的技術・知識が使用され、意識的な努力なしに、事態を予測しその場に応じた授業を展開できるようになります。しかしまた一方、授業ではマンネリズムに陥り、自己防衛として保守傾向へと走ることも時に生じます。そして、この時期は性差によりライフコースが変わります。男性教師の多くは、比較的早い段階から校務分掌などの役割を担うことが多いです。先輩教師や管理職教師などと公的な関係を構築しながら、教師の発達と力量形成がなされる傾向にあります。学年・生徒指導などの主任職を30代中頃から担うようになり、学年・学校全体や教員集団、学校と関係する諸機関や地域のことに目を向けざるを得なくなるなど、負荷のかかる役割が時に教師生活において危機を招く場合もあります。女性教師の多くは、20代後半から結婚・出産・育児といった人生における大きなイベントに直面し、その経験を通して教師としての発達と力量形成がなされていきます。一方、家庭生活と教師生活の両立を図ることは非常に

エネルギーがかかりバランスを崩しやすくなり、ストレスをためる人もいます。場合によっては離職を選択せざるをえない状況も生じます。男性・女性教師に共通してこの時期は、社会の変化による児童生徒の環境の変化、加齢による児童生徒との世代間ギャップ、経験を積み重ねることによる教師としての役割期待、役割や指導の硬直化などにより、中堅期の危機を生じることがあります。

　第四期：管理職期（40代半ばあたりから、指導主事や教頭（副校長）・校長などに就くことを契機とします）　教育をとらえる視点が広がり、学校づくりといった新たな教育実践の可能性に挑むことになります。人によっては、自分の実践をより距離をおいて対象化してとらえ、見出した自分の良さを自身の特徴として受け入れることができるようにもなります。一方、学級運営というみずからの教育実践のフィールドを喪失するため、教育実践者からの離脱を余儀なくされます。つまり、これまで培ってきた教師としてのアイデンティティが切断され、大きな戸惑いと学級経営に対するやりがいを失う可能性をもつため、心的な危機的状況を招きやすい傾向にあります。後輩を育成する立場となる反面、年齢からくる体力の低下や健康の不安、職場内で気軽に相談できる相手がいなくなるといった孤独感などから離職の危機を迎えやすいのも特徴です。こうしてさまざまな情緒を積み重ねながら退職を迎えることになります。

第3節　探究力と反省的省察力

　教師の力量は教師生活の生涯をかけて学ぶ必要があると指摘されています。そこで、「社会性や対人関係能力に関する事項」「幼児児童生徒理解や学級経営などに関する事項」「教科・保育内容などの指導力に関する事項」「使命感や責任感、教育的愛情等に関する事項」の4つの柱をより一層深めるためには探究力と省察力が重要になってきます。知識の習得や自身の課題に向き合いつつ研究的に学びを続けていくためには、卒業後も与えられた枠を超えた学びが期待され、時代の変化に柔軟に応じ、教師としての高度な専門性を身につけることが求められています。だからこそ「**探究力**」が重要になってくるのです。同時に、合理的・科学的な視点から理論の習得に努めようとする専門性だけに陥らないようにする必要もあります。いいかえると、児童生徒の立場に立ってより具体的・実際的・個別的に対応し、その実践から得た知見をより広い視野に立って意味づけていこうとする視点（松木, 2012）も求められているのです。そのため、実践における**反省的省察**は欠かすことができません。事例研究では児童生徒の「学び」の解釈と意見づけに陥りやすい傾向にありますが、教師の「教え」との関連で理論的・客観的に検討していくことが求められます。たとえば、専門分野や教育学以外の接近領域学問あるいはそれらに直接関係がない分野の学問知識や教養、教科教育の本質的理解や学問的探求の方法と習得など、「学問・研究」するという知の視点があります。

　また、教育実践における語りや書き、傾聴や実践の公表といったナラティブは、構造化された物語としてストーリーを読み解いていくのでは意味を為しません。言葉や語り方を変えて新しい物語の可能性を試み、現実を作り出すといった再構造化を行っていくことが、重要になります。いいかえると、授業の実践という複雑な経験のなかから、手がかりをいかに得

て、そこからどのように状況を読み取り解釈し行動するのか、何を優先にするのか、という知識を獲得することで、そこに働く原理や多様な価値を学んでいくことであるともいえます。このプロセスこそが「自己実現」につながり、確かな教育実践の例を生み出し、熟達に向かっていきます。たとえば、先輩・同僚教師の傾聴では、互いの受容関係が信頼関係を築き、共同学習が促進されます。語り手の教師は聴き手の教師によって気づきを促され、聴き手の教師の自己表明によって支えられ、傾聴した語り手教師の実践は聴き手教師自身の実践と重なってふり返られます。これが内省・洞察する体験となって、ともに自己の教育実践の修正および補完・統合につながっていきます。これらのプロセスは双方にとって深い学びとなり、確かな教育実践の例としてつくり直され、実践に活かされていきます。このくり返しにより、教師としての力量が高まります。

第4節　心身の健康の維持とバーンアウト

　最後に、心身の健康とストレス対処方法について知っておくことも重要になります。文部科学省 (2013) の調査によると、教員の精神疾患による病気休職者数は、在職者において0.65％ (5,274人) を占め、決して少ない人数とは言えない状況にあります。精神疾患による休職者は10年前と比較して2倍増加し、20代は362人 (0.38％)、30代は1,062人 (0.6％)、40代は1,827人 (0.71％)、50代以上は2,154人 (0.71％) と加齢とともに人数が増加する傾向にあり、40歳・50歳代以上の割合が高いです。休職となる背景には先述した2の「教師としてのキャリア成長」で述べた以外に、さまざまな理由が考えられます。教師の仕事はその範囲が広く、やろうとすれば終わりがありません。やりがいがある一方、児童生徒や保護者のニーズ、役割や責任を全うしようと頑張りすぎてしまうことで、必要以上に仕事を抱え込んでしまうことにもつながりやすいです。さらに頑張ったのに認めてもらえない、否定されるなどの状況が生じると、徒労感、疲労感、焦燥感などの感情が沸き起こり、怒り、絶望、不信といった感情が強く表れ、長期にわたる場合、心身のバランスを崩してバーンアウト（燃え尽き症候群）や精神疾患に陥ってしまいかねません。教師は教室では孤独な実践者で多くの児童生徒あるいは保護者の欲求に苦悩しながら対応を迫られる場合があります（秋田, 2012）。一人の仕事という側面をもつ一方、各学校の特性を生かした独自の文化のなかで教師は同僚教師と協働で児童生徒の成長発達を支援するといった一人の仕事ではない側面をもつ仕事でもあります。時には、同僚教師に愚痴を聞いてもらう、お茶をしながら雑談するなどの余裕と日常生活のなかで自身に活力を与える趣味や興味・関心に没頭する時間、家族との団らんなど、ストレスと上手につきあうための解消方法とリラックスできる場所と時間の確保ももつように心がけていきたいものです。教師が「自分自身」を大事にし、周囲の力を借りて自分の力にしていくことも、とても重要な教師のスキルといえます。

　教員を目指すみなさんのなかには、卒業後すぐに教壇に立つ人もいれば、非常勤講師などを経験してから正式採用になる人、社会経験や子育て経験をしてから教員になる人と教師になるまでのプロセスは人それぞれだと思います。しかし、どのプロセスであっても教師は教

壇に立ったその日から、児童生徒から「先生」と呼ばれ、教育の専門家となります。その一方、「教える」「学び」の専門家になることも求められています。日々成長する児童生徒に向きあっていくためには教師も成長をし続けていく責任があり、教師としての質の向上を意識していく必要があります。つまり、教師自らが学ぶことを通して、児童生徒のモデルとなっていくことからも、教師生活の生涯において教師は**探究者**であるともいえ、非常に重みのある役割を背負った立場になっていきます。

　近年、教師に対する評価や期待は厳しく、教育に対する期待や要望も高まるばかりです。一方、学校や教師に対する信頼は低い傾向にあり、教師に対する評価や期待も厳しく、思い切ってさまざまな教育的な取り組みをしにくい状況にあり、「失敗」が許されない雰囲気もあります（秋田，2013）。困難な課題や危機状況に直面する度に、教師はみずからの教師としてのアイデンティティを問い見つめ直すことになるでしょう。また、時に寄り道をしながら教師としてのアイデンティティを形成するかもしれません。だからこそ、その機会を「**自己成長**」につなげるポジティブな状況としてとらえたいものです。「失敗は成功のもと」という言葉のようにピンチはチャンスととらえ、児童生徒および学校現場が抱える困難な課題に対して柔軟に応じ、先輩・同僚教師に支えられながら児童生徒からも学ぶ姿勢をもって、教師としての専門性を高めていきたいものです。そのためには、心身の健康とコミュニケーション力、ソーシャルサポート（周囲の支援）が重要になってきます。これにより学校が抱える課題や問題に向き合いながらも自己研鑽に励むなか、手ごたえや喜びを感じ、分かちあい、未来を担う子どもたちの成長に責任を果たす役割（職）に自負をもちつつ周囲に感謝する気持ちを忘れず、着実に「**自己成長**」をしていくことができるでしょう。加えて、教職課程で学んだことを自身の生き方へ反映し、社会に還元する、学校教育に協力するといった地域社会の大人として貢献していくことができることも大きな役割といえるでしょう。

（原田　恵理子）

ワークシート

1. 教職を学ぶことであなた自身が成長したこと、得ることができた知識や経験・体験はどのようなことでしょうか？

　　_____

2. 教師になる人は①のことを今後の教員生活へどのように活かしていきたいですか？（教師にならない人は、地域社会の大人としてどのような貢献をしたいと考えていますか）

　　_____

＜ポイント＞
＊今ここで生じた気持ち、考えはとても大事な気づき（反省的省察）です。今後に向けて、自身の気づきをもう一度整理しておきましょう。

第4節　心身の健康の維持とバーンアウト

> **もっと深めよう！**
> ① グループを作り、上記1の内容についてメンバーに伝えてみましょう。
> ② 一人のメンバーが発表を終えた後、他のメンバーは発表者に対して、応援のメッセージを伝えましょう。
> ③ 応援のメッセージをもらった感想や気づきをメモしておきましょう。

【引用・参考文献】

秋田喜代美（2012）．学び続ける教師と学校文化のために　武田明典・村瀬正胤・嶋﨑政男編　現場で役立つ教育の最新事情　pp.112-114　北樹出版

村瀬正胤（2012）．教師の成長と省察　武田明典・村瀬正胤・嶋﨑政男編　現場で役立つ教育の最新事情　pp10-15　北樹出版

文部科学省（2013）．教職員のメンタルヘルス対策について（最終まとめ）
http://www.mext.go.jp/b_menu/shingi/chousa/shotou/088/houkoku/1332639.htm

山崎準二（2012）．教師のライフコースと発達・力量形成の姿　山崎準二・榊原貞宏・辻野けんま　「考える教師」―省察、創造、実践する教師　pp.98-117　学文社

学びを深める図書

朝日新聞教育チーム（2011）．今、先生は　岩波書店

ダーリング・ハーモンド, L.・バラッツ-スノーデン, 秋田喜代美・藤田慶子（訳）（2009）．よい教師をすべての教室へ――専門職としての教師に必須の知識とその習得　新曜社

石井順治・牛山栄世・前島正敏（1996）．教師が壁を超えるとき――ベテラン教師からのアドバイス　岩波書店．

諸富祥彦（2013）．教師の資質　朝日新書

索　引

あ　行

愛着　55
アイデンティティ　53
　　──の達成　54
アイデンティティ拡散　54
アセスメント　83
生きる力　22, 23
いじめ　77
いじめ防止対策推進法　64
意図的、計画的、組織的な指導　27
うつ病　65
エクササイズ　64
援助希求　77

か　行

カウンセリングマインド　62
各教科等の指導計画　26
学習実態　26
学習指導案　31
学習指導要領　25, 88
確認指標例　12
学級　74
学級王国　74
学級活動　75
学級経営　74
学級経営計画　74
学級経営目標　74
学級集団づくり　75
学級担任　74
学級通信　76
学級開き　75
学校教育目標　74
学校行事　48, 74
学校不適応現象　43
学校不適応　63
学校訪問　25
キャリア形成　101, 102
教育課程の基準　27
教育基本法　88

教育支援計画　69
教育職員免許法　10
教育のプロ　37
教科担任制　74
教科に関する科目　10
教材研究　26
教師
　　──としての使命感　96
　　──の三重の教養　10
　　──の資質・能力　97
教職に関する科目　10
共通理解　70
ぐ犯少年　65
形式的操作期　54
刑事処分　65
言語活動　23
構成的グループエンカウンター　62, 75
校務分掌　87
個別の指導計画　69
コミュニケーション力　81, 88
コンサルテーション　63, 83

さ　行

思考力・判断力・表現力　22, 23
自己開示　76
自己指導能力　60
自己成長　101, 104, 105
指導計画　32
　　──の評価・改善　26
児童自立支援施設　65
自閉症スペクトラム障害　71
授業省察力　37
授業力　37
主題　27
触法少年　65
所属感　48
新学習指導要領　43
心理・教育的　61
心理的離乳　56
健やかな体　22

107

精神疾患　63
生徒指導提要　60
総則　20
ソーシャルスキル　81, 88
ソーシャルスキルトレーニング　62

た　行

題材　27
第2次性徴　53
第2反抗期　55
確かな学力　22
探究者　104
探究力　101, 103
単元　27
知識・技能の習得　22
統合失調症　65
到達目標　12
道徳教育推進教師　44
道徳的価値観　43
特別支援教育　68
特別の教科　43

な・は 行

二次障害　65
年間指導計画　22, 27
バーンアウト（燃え尽き症候群）　104

発達障害　63
犯罪少年　65
反社会的行動　65
反省的省察　101
反省的省察力　101, 103
ピアグループ　62
ピアジェ（Piajet, J.）　54
評価規準　28, 32
ボウルビィ（Bowlby, J.）　55
ホウ・レン・ソウ　77
保護者会　76
保護処分　65

ま・や・ら 行

学び続ける教員　98
面談　76
モンスターペアレント　76
問題行動　63
豊かな心　22
予防的・開発的な教育相談　61
4つの視点　46
ライフコース　102
履修カルテ　13
連携・協働　71, 88
連帯感　48

•────── • 執筆者紹介（執筆順）• ──────•

＊編 著 者

原田　恵理子（編者、第12・13・15章）東京情報大学総合情報学部総合情報学科／教養・教職
　　　　　　　課程准教授

森山　賢一（編者、第1章）玉川大学教育学部・大学院教育学研究科教職専攻教授、教師教育リ
　　　　　　サーチセンター長

＊執　筆　者（執筆順）

川島　　眞（第2章）尚美学園大学芸術情報学部教授、教職・資格課程センター長

岩本　親憲（第3章）田園調布学園大学人間福祉学部心理福祉学科専任講師

西田　正男（第4・5章）玉川大学教師教育リサーチセンター客員教授

藤平　洋子（第6・14章）帝京平成大学現代ライフ学部児童学科准教授

小柴　孝子（第7・9章）神田外語大学国際コミュニケーション学科特任教授

鈴木　みゆき（第8章）関東学院大学法学部法学科准教授

小澤　典夫（第10章・コラム）千葉県立仁戸名特別支援学校教諭

小松　伸之（第11章）清和大学法学部法律学科専任講師

秋原　　翔（コラム）船橋市立前原中学校教諭

百瀬　明宏（コラム）千葉県立生浜高等学校校長

川上　順子（コラム）千葉県館山市立第二中学校教務主任

矢代　幸子（コラム）千葉県立千葉南高等学校教諭

間宮　　亮（コラム）千葉明徳中学校・高等学校教諭

吉野　伸子（コラム）江戸川区立瑞江中学校教諭

小柴　孝子（コラム）宮城学院女子大学准教授、学生相談室主任

岩井　美樹（コラム）船橋市教育委員会学校教育部副主幹

神野　　建（コラム）東京情報大学総合情報学部総合情報学科／教養・教職課程教授

渡邊　健治（コラム）東京情報大学総合情報学部総合情報学科／教養・教職課程教授

小松　礼子（コラム）千葉市立千城台北小学校校長

自己成長を目指す教職実践演習テキスト

2014年4月25日　初版第1刷発行

　　　　　　　　　編著者　原田　恵理子
　　　　　　　　　　　　　森山　賢一

　　　　　　　　　発行者　木村　哲也
　　　　　　　　　　印刷　新灯印刷／製本　新灯印刷

発行所　株式会社　北樹出版

〒153-0061　東京都目黒区中目黒1-2-6
URL：http://www.hokuju.jp
電話（03）3715-1525（代表）　FAX（03）5720-1488

Ⓒ Eriko Harada & Kenichi Moriyama 2014, Printed in Japan
ISBN 978-4-7793-0406-4
（落丁・乱丁の場合はお取り替えします）